상처를 사랑으로 만드시는 _____ 선생님께 드립니다.

우리들 곁에 계셔 주셔서 감사합니다.

선생님, 오늘도 무사히!

교사의 소진과 트라우마 치유 심리학

선생님, 오늘도 무사히!

김현수 지음

창비
Changbi Publishers

읽는 내내 사랑하는 동료들의 절망과 무기력, 상처 입은 숨결들이 다가와 심장에 들어붙었다. 교사들의 삶을 이보다 더 절절하게 읽어 주는 이가 있을까. 세상과 존재에 대한 깊은 통찰로 공감 너머 치유의 길을 명쾌하게 보여 주는 듯하다. 지금 이 순간에도 '상처를 사랑으로 만드는 숭고한 작업'을 하느라 안간힘을 쓰고 있을 동료들에게 함께 읽자 내밀고 싶은 책! 서로 기대어 '슬픔이 춤이 되도록' 다시, 희망을 노래하지 않을래요, 우리?

송경애(광주 신용초등학교 교장)

"마음이 힘든 학생들은 상담 선생님이 돌봐 주는데, 상담 선생님의 마음은 누가 돌봐 주나요?" 라는 질문을 많이 받는다. "그러게요" 하며 웃어넘기지만, 사실 잘 모르고 있었다. 이 책은 나처럼, 지치고 힘들 때 무엇을 어떻게 해야 할지 모르는 교사, 자신이 위기에 처해 있는지 모르는 교사, 학교에 가기 싫은 교사, '오늘도 무사히'를 바라는 모든 교사에게 반드시 필요한 백신이 될 것이다.

김대운(목포 옥암중학교 전문 상담 교사)

교육이 위기라고 한다. 선별과 경쟁, 입시 위주의 교육 속에서 고통받는 아이들에 대한 이야기는 많지만, 그러한 교육과 학교에서 상처받는 교사에 대한 이야기는 찾아보기 어렵다. 오히려 교사들은 교육을 그렇게 만든 장본인으로 비난 받거나 교육을 변화시키지 못하는 무능력자로 손가락질 받기도 한다. 김현수 선생님은 교사들과 '함께 비를 맞아' 줄 뿐만 아니라 우산이 되어 준다. 누군가 나의 고통과 상황을 정확히 알고 그것이 무엇인지, 왜 그런지를 해석해 주는 것만으로도 우리는 위로를 받는다. 이 책은 교사에게 그런 위로를 준다. 무엇보다 반가운 것은 교사의 고통과 상처를 치유하기 위해서 교사 스스로가, 교사 공동체가, 학교가, 그리고 정책은 어떻게 해야 하는지를 다양한 사례와 연구를 통해 제안하고 있다는 것이다. 어찌해 볼 수 있다는 것은 희망의 신호가 아닌가? 이 책을 통해 학교에 출근하는 시간을, 교실에 들어서는 순간을 설렘으로 기대하는 교사들이 점점 늘어나길 소망해 본다.

권현정(성남 보평초등학교 교장)

김현수 교수님만큼 교사들의 아픔과 외로움을 제대로 이해하고 알아주는 사람이 있을까요? 교수님의 글을 읽고 함께 이야기 나누다 보면, 어느새 내 안의 울분도 가라앉고 편안해집니다. 그렇게 김현수 교수님은 늘 우리 교사들의 마음 깊은 곳을 울리고 움직이게 만듭니다.

이번 책도 그러했습니다. 읽는 내내 정말 고마웠고 놀라웠습니다. 우리 교사들이 차마 자기의 입으로 꺼내 놓기도 힘들었던 이야기들, 왜 이토록 힘겹고 무기력해지는지 모르고 그저 버티고 있는 교사들의 이야기를 꺼내서 들려주고 계십니다.

작년에 학습 연구년을 하면서 교수님을 멘토로 모시고 귀한 배움의 기회를 가졌는데, 정말 행복하고 감사한 시간이었습니다. 그때 해 주셨던 많은 이야기에 더해 한 걸음 나아가는 내용들이 이 책에 잘 담겨 있습니다. 저는 교수님의 글을 통해 제가 다양한 트라우마와 조력자 증후군, 자기혐오 등을 가지고 살아오고 있었다는 것을 알게 되었고, 어떻게 나와 마주하고 나를 알아 가면 좋을지를 생각하게 되었습니다. 참 고맙습니다. 이제 제 자신에게 먼저 친절해지고, 편안한 쉼을 선물해야겠다는 생각으로 일의 양을 줄이고 속도 조절도 하고 있습니다.

여전히 제 주변에는 자기 자신에게 제공되는 쉼을 어색해하고 너무도 피곤한 삶을 살아가는 교사들이 많습니다. 홀로 외롭게 각자도생하고 계시는 우리 선생님들께 혼자 있지 마시고, 이 책과 함께 계시라고 말씀드리고 싶습니다. **박현옥**(울산 상북초등학교 교사)

얼마 전에 만난 선생님들께 "학교생활 행복하십니까?"라는 질문을 한 적이 있다. 모두 예상하듯이 자신 있게 대답하는 선생님이 없었다.

코로나19는 인류의 삶을 송두리째 바꾸어 놓았을 뿐만 아니라 학교도 이전에 경험하지 못했던 대변혁을 겪고 있다. 그 와중에 우리 교사들은 기존의 수업, 상담, 행정, 돌봄, 지원, 봉사 등의 역할에 방역 전문가, 원격 수업 전문가, 디지털 리터러시 전문가 등의 역할을 강요받으며 영혼을 갈아 넣는 상황이다.

그런 의미에서 김현수 선생님의 신간『선생님, 오늘도 무사히!』는 우리 교사들에게 너무나 반갑고 고마운 책이다. 개인적인 경험이지만 한참 교직에 대해 회의감을 느끼고 감정이 소진된 상황에서 만났던『교사 상처』는 나의 아픔과 고통만을 들여다보는 것이 아니라 우리라는 의미를 되새기며 동료들과 연대하고 협업할 수 있도록 동력을 주는 존재였다.

우리 교사들에게는 두 가지 불치병이 있다. 좋은 선생님이 되고 싶은 것, 아이들에게 좋은 교육을 하고 싶은 것. 지금 이 순간에도 감정의 방전 상태에 빠진 자신을 돌보지 못한 채 오직 아이들만 바라보고 있을 우리 선생님들에게 이 책이 새로운 출발의 동력이 되기를 소망해 본다.

이봉학(구리 남양주교육지원청 장학사)

다른 사람보다 자신을 먼저 포기하는 사람은 없다. 전작『교사 상처』에서 교실 속 감정의 쓰레기통이 되는 교사들의 처지를 현실로 끌어냈다면, 이번 『선생님, 오늘도 무사히!』에서는 관계적 치유를 제시했다. 이 책은 교실과 학교에서 교사가 갖는 온갖 스트레스와 외상의 본질이 개인의 문제가 아님을 일깨워 준다. 그러면서 집단 전문성과 지성을 통한 집단적 치유의 중요성을 방편으로 제시하고 있다. 김현수 선생님은 현장 교사와 계속 교류하며 저자 본인 또한 교육 현장에서 실천과 이론을 끊임없이 성찰한다. 이렇게 길어 올린 선생님의 통찰이, 우리 교육이 다시 돌아볼 것들을 서늘하게 보여준다.

김태곤(충남 아산교육지원청 장학사)

66 우리는 '예'라고 말하면 지치고,

'아니오'라고 말하면 죄책감을 느낀다. **99**

_토머스 M. 스콥홀트

66 먼저 물어야 할 것은 "얼마나 많은 일을 하는가." 또는

"얼마나 많은 이들을 돕고 있는가."가 아니라

"내 내면에 평화가 있는가."이다. **99**

_헨리 나우웬

오늘도 무사히

"오늘도 무사히."

이 문구를 보신 적이 있나요? 아마 공사 현장을 지날 때나, 택시를 탔을 때 기사님 옆에 걸려 있는 기도하는 그림에서 보셨을 겁니다. 그런데 저는 이 말을 선생님들에게 가장 많이 듣습니다.

제가 만나는 선생님 중 한 분은 매번 이야기를 시작하기 전에 이렇게 말씀하십니다. "오늘은 무사히 지냈습니다." 그리고 "상담하러 간신히 왔습니다. 오늘 하루가 어떻게 지나갔는지도 모르겠네요." '무사히'와 '간신히'가 그 선생님의 현재 학교생활을 집약하는 두 단어였습니다.

선생님의 하루하루는 지뢰밭을 건너는 것 같다고 합니다. 교실 지뢰밭도 있고 교무실 지뢰밭도 있습니다. 어디에서 터지는지 주의 깊게 살피지 않으면 큰 부상을 입을 수 있습니다. 아무 일 없이 지낸 날은 정말 너무 기쁘지만, 여기저기서 지뢰가 터지는 날에는 팔다리가 부러지고 마음이 깨지는 듯이 힘들고 괴롭다고 합니다. 그런 일들로 인해 마음이 불편하고 괴로우면 아이들에게 미안하고, 본인은 답답하고 화나고, 학부모들에게 무슨 민원이 오는 것은 아닌지 불안해서 마음이 쪼그라든다고 합니다. 마음이 타 버리고 몸도 여기저기 아프다고 합니다. 어떤 선생님들은 과장이 지나치다고 여기실 수도 있고, 또 어떤 선생님들은 "나도 그렇다."라며 공감하실 것 같습니다.

여러 이유로 현재의 교실은 쉽지 않습니다. 교사 개인이 해결하기에 어려운 일도 많고, 상처받고 상처 주는 일도 흔하고, 에너지를 더 많이 써야 되는 일들도 많아졌습니다. 그래서 갈수록 교사로 사는 것이 힘들다는 이야기를 자주 듣습니다. 상담하러 오는 선생님들도 늘고, 오는 횟수도 늘어나고 있습니다. 어떤 경우 저도 너무 마음이 아파서 감당이 안 될 때도 있습니다.

이미 많은 분이 교사라는 직업의 거침(toughness)에 대해 말하고 있습니다. 교사로 살면서 만난 거친 업무로 인하여 "몸과 마음의 상처가 한둘이 아니다."라는 이야기를 자주 듣습니다.

최근 우리나라뿐 아니라 다른 나라에서도 교사들의 소진은 가장 흔한 논문 주제가 되었고, 그것을 다루는 프로그램도 다양하게 만들어지고 있습니다. 교사라는 직업이 어렵고 소진되기 쉬우며 스트레스가 높은 직업임을 반영하고 있습니다.

저는 이 책에서 제가 만난 여러 선생님들의 육성을 최대한 전하려고 노력하면서, 그 과정에서 제가 고민한 것들을 나누려고 합니다. 십 년이 넘는 동안 상담과 만남을 통해 제 나름대로 교사 치유의 네 단계를 설정하게 되었습니다.

첫 번째는 자기 자각(self-awakening)의 단계입니다. 힘든 줄도 모르고, 상처받고 있는 줄도 모르고, 자신이 겪는 문제의 특성을 이해해 보려 하지 않고 지내던 선생님들이 깨어나는 단계입니다.

두 번째는 자기 파악과 이해(self-awareness)의 단계입니다. 자신의 실패와 좌절, 혹은 알 수 없이 힘들었던 것들이 상처를 받았던 것임을 알고 난 후, 많은 선생님이 자신에 대해 알고 싶어 했습니다. 자신의 특성, 교사로서의 정체성, 관계, 수업 등 교사로서 삶을 살면서 겪어 왔던 것들에 이름을 붙이고 이해하고 주체가 되고자 하는 과정입니다.

세 번째는 자기 공감(self-compassion)의 단계입니다. 자각하고 인지하는 과정에서 자신이 인정하기 힘든 것들, 받아들일 수 없는 것들, 실패, 좌절, 성공을 모두 수용하고 최선을 다한 자신을 인정하고 격려하는, 고양된 마음의 단계입니다. 자신을 몰아대지 않고, 일방적으로 자신의 탓으로 돌리지 않고, 상황과 맥락을 이해하고, 인정할 것과 거부할 것을 잘 분별하고 경계를 세우는 단계입니다.

네 번째는 자기 조절(self-regulation)의 단계입니다. 자기 공감을 통해 자신을 있는 그대로 수용하면 실패도 성공도 모두 과정의 일부라고 생각하고 균형감 있게 자신을 조절하면서 지낼 수 있습니다. 또한 융통성을 발휘하면서도 방해받지 않고 최선을 다할 수 있는 단계입니다.

자기 발견과 탐색 작업을 잘하는 분들, 스스로 치유의 길을 잘 밟아 가는 선생님들도 참 많았습니다. 제가 도와드리는 일 이상으로 저에게 배움을 주는 분들이 많았습니다. 전보다 더 완벽한 교사가 된 분은 많지 않지만, 전보다 편안해진 교사들은 많았습니다. 안정된 마음으로 교사로서 새로운 삶을 추구하면서 건강한 생산성을 회복하는 교사들을 만나게 되었습니다. 치유된 교사가 학생들에게 오래 지속될 좋은 변화를 더 많이 만들어 내는 것을 보는 행복한 시간이기도 했습니다.

이 책이 교사 여러분이 자신을 초대하는 초대장이 되었으면 합니다. 교사 치유의 단초가 되는 지식을 제공해 주기도 하고, 또 교사 자신의 새로운 발견을 위한 지침이 된다면 더할 나위 없는 소명을 했다고 할 수 있겠습니다.

끝으로, 우리 아이들과 지내기로 결정한 여러분들은 모두 좋은 선생님입니다. 아이들과 지내기로 했다는 것에는 여러분들의 긍정적인 마음과 적극적인 의지가 담겨 있습니다. 여러분의 좋은 마음과 정신의 힘이 아이들에게, 학부모들에게, 세상에 널리 퍼지는 것이 우리 모두에게 중요합니다. 그것을 가로막는 여러 장애물을 함께 치워

나갔으면 합니다. 우리는 길이 없을 때조차 길을 만들어 지금 이곳
에 있게 되었습니다. 우리는 또 함께 길을 만들고 있습니다.

　고맙습니다.

김현수 올림

기러기*

메리 올리버

착한 사람이 될 필요 없어요.

사막을 가로지르는 백 마일의 길을

무릎으로 기어가며 참회할 필요도 없어요.

그저 당신 몸의 부드러운 동물이 사랑하는 것을 계속 사랑하게 두
어요.

절망에 대해 말해보세요, 당신의 절망을, 그러면 나의 절망을 말해
줄게요.

그러는 동안 세상은 돌아가죠.

그러는 동안 태양과 맑은 빗방울들은

풍경을 가로질러 나아가요,

넓은 초원과 깊은 나무들을 넘고

● 신형철 옮김, 「착한 사람이 될 필요 없어요」, 『한겨레신문』, 2016. 7. 15.

산과 강을 넘어서.

그러는 동안 맑고 푸른 하늘 높은 곳에서

기러기들은 다시 집을 향해 날아갑니다.

당신이 누구든, 얼마나 외롭든

세상은 당신의 상상력에 자기를 내맡기고

기러기처럼 그대에게 소리쳐요, 격하고 또 뜨겁게—

세상 만물이 이루는 가족 속에서

그대의 자리를 되풀이 알려주며.

차례

3부 소진과 상처를 넘어선 교사의 아픔들

4부 스스로 그리고 함께 치유하는 교사들

1부
상처투성이의 교사들

1
요즘
교사들의
자화상

교사 상처에 관한 연수를 시작하는 날이었습니다. 기꺼이 참석해 주신 여러 선생님들께 참여하신 동기를 물어보았습니다.

"이야기를 들으면 마음이 편해질 거라는 기대로…."

"지금 너무 힘들어서 위로를 받고 싶어서 왔습니다."

"힘들 때마다 자책하는 성향인데, 지금은 더 그렇습니다. 교사를 하는 것이 내 삶에서 맞는 것인지 모르겠습니다."

"너무 우울하고 도망가고 싶어요. 도대체 다른 선생님들은 하루하루를 어떻게 살고 계신지 궁금해서 왔습니다."

"벼랑 끝에 선 기분, 하루하루 교실에 들어갈 때의 기분이에요. 이 기분에서 어떻게 빠져나올 수 있을까요?"

> " 그리스인들이 우리에게 남긴 가장 아름다운 단어가
> 바로 열정이다. 이는 내 안에 신을 둔다는 뜻이다.
> 인간 행동의 위대함은 그 행동의 원천인
> 영감으로 평가된다. 행복은 자신 안에 신을 품는 것이다. "
> _루이 파스퇴르

선생님들은 교사로서의 삶에 큰 상처를 입고, 도움과 위로가 필요한 상태였습니다.

교사들의 상담 방문이나 정신과 진료는 계속해서 늘고 있습니다. 동료 정신과 의사들과 이야기해 보면 병원에 오는 교사들이 확실히 늘었고, 2017년 이후에는 특히 더 늘어났다고 합니다. 선생님들이 상담실과 정신과를 찾는 이유도 다양해졌습니다. 전에는 상대적으로 본인의 우울과 개인적 상황이 많았는데, 지금은 학생이나 학부모와의 갈등, 교사 간의 어려움, 관리자와의 어려움 등 훨씬 더 복잡한 이유 때문이라고 합니다. 한 교원 단체의 조사에 의하면 조사 대상 중 40%의 교사가 우울 증세를 보이고, 실제로 진료를 받아야 하는 분은

전체의 12% 정도라고 합니다. 선생님 열 명 중 네 명이 우울하고, 열 명 중 한 명은 치료를 받아야 할 정도로 심각하다는 것이지요.

실제로 소진과 우울 때문에 병원을 찾는 교사들은 전보다 많아졌습니다. 특히 휴직, 병가 등을 위해 진단서를 원하는 분도 많습니다. 초등 교사가 제일 많고, 중학교, 그다음 고등학교 순입니다. 2017년 이전에는 중학교 교사가 많았지만 그 이후에는 초등 교사가 더 많은 비율을 차지하고 있습니다.

교사들의 소진은 지금 교육계의 중요한 화두입니다. 최근에 교육 관련 학회의 주제가 소진인 경우가 흔합니다. 예전보다 교사들이 빨리 지치고 힘들어한다고 알려졌습니다. 저는 교사들의 현재 상황이 굉장히 우울하고 지치는 방향으로 가고 있다고 생각합니다. 그래서 2014년에 썼던 『교사 상처』와는 다른 차원에서 선생님들에게 도움이 될 만한 책을 써야 하는 필요성을 꾸준히 느끼고 있었습니다.

교사들은 자신의 상처를 어떻게 다루고 있을까?

교사들이 자신의 상처에 어떻게 대처하는지 세심하게 조사한 자료는 아직 없습니다. 다만 여러 자리에서 편하게 이야기할 때 선생님들은 주로 이렇게 스트레스를 푼다고 이야기하시곤 했습니다.

─술 마시면서 해결한다.

—공부하면서 해결한다.

—연수를 받으면서 해결한다.

—가족과 해결한다.

—특별히 해결하는 방법은 없다.

가족과 해결한다는 선생님 중에는 가족에게 위로를 받거나 가족과 좋은 시간을 보낸다는 분들도 계셨지만, 가족에게 화풀이를 해 버리는 경우도 많았습니다. 교사들의 소진이나 트라우마를 치유하는 프로그램이 교육청 등에 있기는 하지만, 기대만큼 접근성이 높지는 않다고들 하셨습니다.

자신의 상태를 자각하지 못하는 교사

"이렇게 지내다가는 몸 안의 장기 하나가 망가지고 말 것 같아요." 라는 선생님도 있었고, "하루하루 독약을 먹고 돌아오는 기분입니다."라는 선생님도 있었습니다. "학교에 출근할 때, 마음에 갑옷을 입고 나가요. 그러지 않으면 상처가 너무 많이 생겨요."라고 하신 분도 계셨고, 학교에서 어디서 무엇이 튀어나올지 몰라 마치 '정글' 속에 있는 기분이라고 하신 분도 있었습니다.

초등학교에서 종종 발생하는, 학부모 민원에 의한 '담임 교체'는 초등 교사에게 큰 충격을 주고, 중학생들의 거친 욕설과 도전은 중

학교 교사들에게 큰 어려움이 되었습니다. 고등학교 학생들의 무기력은 교사의 삶까지 스며들어 무기력해진다는 선생님들도 계셨습니다.

물론 모든 교사가 이렇게 느끼는 것은 아닙니다. 큰 어려움 없이 잘 지내는 선생님들도 있습니다. 그분들 중에는 어려움을 잘 극복하는 분도 있고, 본인의 여러 장점과 주변의 힘을 의지하고 활용하여 대처를 잘하고 있는 분도 있었습니다.

하지만 간혹 자신의 상태 자체를 모르는 분들이 있는 것은 걱정이었습니다. 한 학교를 방문했을 때였습니다. 교육을 시작하기 전에 자신의 기분 점수를 점검하자고 제안했는데, 한 선생님이 본인 차례가 되자 잠시 침묵을 한 후 갑자기 울기 시작하셨습니다. 조금 시간이 지나 자초지종을 여쭈었더니, 자신의 상태가 어떤지도 모르고 지내왔다는 사실을 갑자기 깨닫게 되어 당황스럽고 그 순간 자신이 너무 힘든 상태라는 것을 자각하게 되었다고 하셨습니다.

자신의 상태를 잘 모르는 선생님들도 계시는 반면, 자신의 상태에 대해 과잉 각성된 선생님들도 적지 않습니다. 대상은 조금씩 다르지만 교사를 둘러싼 여러 환경, 교육부, 교육청, 학부모, 학생들, 주변 교사들, 가족들, 그리고 사회와 온몸으로 싸우고 있는 분들도 계셨습니다. 어떤 선생님은 교사의 노동이 우아한 노동이라는 착각에서 이제 벗어나기 시작했다고, 교사의 노동은 때로 위험하기까지 한 노동이라고 하셨습니다. 우리는 현재 교사가 처한 상황에 대해 사람마다,

직책마다, 각자의 위치에 따라 상당히 다르게 지각하고 있습니다. 사회 일각에서는 연금과 방학을 거론하면서 교사가 세상에서 가장 편한 직업인 것처럼 이야기할 때도 있습니다만, 사실 오늘날 교사라는 직업은 매우 어려운 상황에 처해 있습니다.

요즘 교사로 사는 기분

2020년 초 한 교사 모임에서 선생님들과 요즘 교사로 사는 것이 어떤지 이야기를 나누었습니다.

요즘 교사로 사는 기분

- 동네북(혹은 샌드백): 온갖 곳에서 학교와 교사를 때린다.
- 선인장: 화가 나고 예민해져서 누가 와도 찌를 것 같고 찔릴 것 같다.
- 감정 노동자: 주 고객이 아이들인 회사에 나가는 감정 노동자 같다.
- 숨은 그림자: 동네나 아이들 학부모 모임에 나가지도 않고 숨어서 산다.

요즘 교사로 살 때 습관

- 학교 갈 때는 새 옷을 입고 가지 않는다. 무슨 일이 생길지 모르니까.
- 학교 갈 때는 운동화를 신고 간다. 언제 뛰어야 할 일이 생길지 모르니까.
- 모임에 나가서 회사원이라고 한다. 교사라고 하면, 연금이나 방학 이야기를 하면서 시기심을 쏟아 내고 말이 길어지니까.

2

문명의
최전선에 서는
교사들

동영상으로 감의해 주세요!

한 아이가 선생님에게 이렇게 말했다고 합니다.

"선생님, 옛날 방식의 수업 말고 동영상으로 재미있게 구성해 주세요. 잘 편집해서요. 그러면 좀 더 들을 것 같아요."

"수업을 대충 동영상으로 삼 분의 일 해 주시고, 퀴즈 게임으로 삼 분의 일 해 주시고, 나중에 요약해 주세요. 그러면 좀 더 재미있을 것 같네요. 게임처럼, 정답이나 수업 태도 등으로 랭크 정해 주세요. 그럼 더 스릴 있을 것 같아요."

기술의 발전은 인류에게 여러 편리함을 가져다주었지만, 그 속도

> ❝ 나는 내가 원하는 모습의 세상이 아니라
> 있는 그대로의 세상에서부터 시작해 나간다.
> 있는 그대로의 세상을 받아들인다는 것은
> 그 어떤 의미에서도 우리가 그렇게 되어야 한다고
> 믿고 있는 모습으로 세상을 바꾸어 나가려는
> 우리의 바람을 약화시키지 않는다. 우리가 바람직하다고
> 생각하는 모습으로 세상을 바꾸기 위해서는
> 있는 그대로의 세상으로부터 시작하는 것이 필수이다. ❞
>
> _사울 알린스키(사회 운동가)

가 빨라지면서 다른 어려움도 계속 생겨나고 있습니다. 그중 하나가 세대 간의 격차일 것입니다. 학교는 아이들이 자신을 표현하고 문화를 만들고 싶어 하는 곳이라 세대 간의 격차가 더 크게 생길 수밖에 없습니다.

예전에는 앞선 문명을 가르치는 사람들이 교사였습니다. 그런데 지금은 아이들이 주로 앞선 기술을 사용하고, 거꾸로 교사들은 현재의 문명이 제공하는 기술에 쉽게 익숙해지지 못하고 있습니다. 특히 10대들은 가장 최신의 경향성을 받아들여 자신들의 유행으로 만드는 데 익숙합니다. 그러다 보니 아이들과의 의사소통 자체가 어려울 때가 있습니다. 문명의 변화에 잘 적응하고 새로운 기술의 사용이

어렵지 않은 교사들은 지금 이 시대가 불편하지 않겠지만, 아날로그와 페이퍼 문화가 더 편하고 변화에 더딘 선생님들은 마음이 불편하고 위축될 수도 있습니다. 변화가 생길 때마다 새롭게 적응하는 일이 피곤하고 변화에 저항하고 싶지만 그러기가 쉽지 않습니다.

게다가 기술의 발달은 단지 기술에 그치지 않고, 가치의 변화도 대동하고 나타납니다. 선생님들의 가치에 도전하는 아이들의 가치는 때로는 당돌한 정도에 그치지 않습니다. 아이들이 즐겨 보는 웹툰, 웹소설 그리고 웹드라마, 유튜브 채널의 주장과 트렌드는 가끔 선생님들이 수용하기 어렵습니다. 직업, 결혼, 성생활, 인생의 의미, 미래 등 여러 분야에서 삶을 대하는 아이들의 태도는 이전 세대와 현격하게 차이가 생기고 있습니다.

예를 들어 청소년들의 자해도 이해하기 어렵습니다. 2018년에는 청소년들 특히 여학생들 사이에 자해가 들불처럼 번졌다고 해도 과언이 아닐 정도로 늘었습니다. 이 자해 현상을 대하면서 선생님들이 많이 힘들어했습니다. 어떤 학교에서는 한 반에 대여섯 명이 함께 지속적으로 자해를 했고, 마치 자해가 취미인 것처럼 이야기했습니다. 이런 아이들과 상담을 하면서 아이들의 자기혐오, 세상에 대한 비관, 생명 경시에 선생님들은 크게 놀랐지만, 아이들은 심각하게 생각하는 선생님들을 비웃듯이 대하곤 했습니다. 선생님들에게는 자해하는 아이들 여럿이 교실에 앉아 있는 것 자체가 너무나 큰 심리적 부담이었습니다.

초등학생들의 잔혹성, 중학생들의 대담성, 고등학생들의 비관과 무기력. 아이들의 이런 문화와 더불어 빠른 기술 발전에 따른 학습 환경의 변화는 선생님들에게 감당하기 벅차다는 느낌을 주곤 합니다. 더군다나 그러한 변화가 담긴 행동들이 교실에서 폭발적으로 늘어나면 어떤 선생님은 현기증이 나고 기절할 것 같다고도 합니다.

노래마저 사라지고, 떠들기만 하더라

중학교 3학년 수학여행을 다녀온 50대 선생님이 이제 학교를 떠나야 할 때가 온 것 같다고 하셨습니다. 어떤 점에서 그렇게 느끼셨냐고 물었더니, 선생님은 이제 아이들의 장기 자랑조차도 공감하고 감동하는 것이 안 된다고 하셨습니다. 아이들은 수학여행 동안 버스에서의 이동 시간이나 장기 자랑 시간에 주로 랩을 했는데 선생님에게 그것은 노래가 아닌 시끄럽게 떠드는 소리로 들렸던 것입니다. 멜로디 없는 노래를 부르는 아이들이 '떼창'을 할 때 본인은 장단 맞추기도 어렵고 어느 대목에서 감동해야 할지도 몰라 당황하셨다고 합니다. 아이들과 공명하고 함께 호흡할 수 있는 것들이 갈수록 없어져서 아이들과 소통이 되지 않는 존재로 느껴지는 부담을 더 이상 겪고 싶지 않다고 하셨습니다.

전통은 희미해지고 계승되어야 할 문화는 사라져 가는 반면, 새로운 문화는 순식간에 아이들을 점령하고 아이들의 문화로 흡수됩니다. 선생님은 뒤떨어진 사람 취급을 받고, 위축된 위치에서 과거만을 주장하는 사람으로 느껴집니다. '꼰대'라는 지위에 자신이 올라 서 있다는 사실이 불편합니다.

물론 선생님이 아이들의 문화를 모두 이해하거나 문화를 선도할 필요는 없을 것입니다. 조금이라도 서로 이해하고 거리를 좁히려는 마음만 있다면 큰 문제가 되지 않을 것입니다. 하지만 문화의 변화 주기가 빨라지고 다양해지면서, 거칠고 도전적이며 가치의 전복이 빈번한 교실 한복판에서 아이들의 주장에 둘러싸여 있는 것은 쉬운 일이 아닙니다.

부모는 자신의 아이만 겪으면 되지만, 수십 명의 아이들이 모여서 각각의 개성을 뿜어내는 것을 한꺼번에 겪어야 하는 교사는 다른 경험을 하게 됩니다. 세대 간의 차이를 이해할 것을 촉구하는 90년대 출신에 대한 책이 베스트셀러가 되고 대통령을 비롯한 조직의 수장들이 새 세대에 대한 책을 읽자고 하는 것도 시사하는 바가 크다고 할 수 있습니다.

새 학기 증후군은 아이들에게만 있는 것이 아니다

'새 학기 증후군'은 새 학기가 시작될 때 학생들이 겪는 적응상의 어려움을 이야기하는 말입니다. 주로 학생들을 중심으로 이야기되지만, 선생님들에게도 이와 유사한 현상이 있습니다.

매년 새로운 아이들을 맞이하면서, 반갑고 신기하고 놀랍기도 하지만 한편으로는 또 얼마나 달라진 아이들이 올까 하는 마음이 들기도 합니다. 새로운 문화를 가지고 오는 아이들의 도전에 응해야 하는 선생님들의 어려움은 가볍지 않습니다.

해마다 새로운 아이들과 다시 호흡하고 리듬을 맞추고 그 아이들과 전면적으로 무언가를 하는 것은 결코 쉽지 않습니다. 1년마다 새로운 세대를 만나서 변화를 수용할 수 있으려면, 심리학적으로 표현하자면 그 사람의 자아가 탄력적이어야 합니다. 변화에 익숙하고 새로운 것에 대한 감지력이 높고 융통성이 있어야 합니다. 또 아이들이 중요하게 여기는 가치와, 선생님이 중요하게 여기는 가치의 충돌을 다룰 수 있어야 합니다. 교사가 문명의 최전선에 서 있는, 아이들 속의 어른이라는 사실이 주는 압박을 선생님들은 이해할 필요가 있습니다. 선생님 자신은 어른 세대를 대표하거나 지금의 문명을 표상하지 않지만, 아이들은 모든 어른들에게 낼 화를 오늘 교실에서 뿜어내고 선생님을 과거의 문명에서 온 사람처럼 대하기도 합니다. 선생님은 시대에 관한 아이들의 공격을 받아 내고 처리하면서 지내야 합니다. 이것도 참 어려운 일입니다.

나는 고무줄이 아니다

어느 날 한 선생님이 "저는 고무줄 같아요."라고 이야기했습니다. 초등학교 1학년 담임인데 이제 막 유치원을 졸업한 아이들의 학급 분위기에서부터 곧 퇴임할 관리자의 기분까지 고려해야 하는, 그 긴 늘어짐이 너무 힘들다는 표현이었습니다. 근현대사를 다 겪은 것 같은 교장 선생님과 아침에 장시간 이야기를 나누고 교실로 돌아왔는데, 한 아이가 자기에게 계속 반말을 써서 왜 그러는지 물어보았더니 외국에서 살다 와서 그랬다고 했다는 에피소드도 있었습니다. 이렇게 시대를 넘나드는 가치와 행동이 같은 시기에 공존하는 것을 에른스트 블로흐라는 학자는 '비동시성의 동시성'이라고 했습니다. 저는 이것이 가장 잘 나타나는 곳이 학교라고 생각합니다.

랩을 부르고 패스트 패션 의류를 입고 몸의 한두 군데에 문신을 하고 싶고 유튜브를 주로 보며 살아가는 아이들, '이번 생은 망했다'고 하면서 수업 중에 자고 있는 아이들과 어디서부터 시작해야 할지 모르겠다는 선생님들은 도처에 있습니다. 아마 대부분이 그런 심정일 것입니다. 차라리 그들이 다른 시대, 다른 문명에서 온 아이들이라고 하면 이해라도 될 텐데, 지금의 아이들은 우리가 키우고 함께 시간을 보낸 아이들인데 한 공간에서 이렇게 다르게 살아가고 있는 것이 신기함을 떠나서 소름이 끼친다는 분들도 계십니다.

"19세기에 기획된 교실 공간에서 20세기 후반에 성장한 교사가

21세기에 태어난 아이를 가르친다."라는 말을 오늘의 교사들은 현실로, 온몸으로 겪고 있습니다. 지혜롭고 슬기롭게 하지 않고서는 참 힘든 순간들이 많습니다.

같은 시대를 살아가는 어른이자 동반자

한 선생님에게 학생으로부터 전화가 왔습니다.

"선생님, 저 오늘 피부가 너무 안 좋아서 학교 못 갈 것 같아요. 너무 속상해요."

"그렇구나. 피부가 참 마음대로 안 돼. 많이 속상하겠네. 피부가 빨리 좋아져서 내일은 학교에 올 수 있었으면 좋겠다."

"선생님이 엄마보다 낫네요. 편하게 해 주시고 이해해 주셔서 감사해요."

이 선생님이 이렇게 하실 수 있었던 것은, 제가 한 연수에서 "요즘 아이들에게 피부는 제2의 심장이다."라고 말한 것이 기억났기 때문이라고 하십니다. 아이들에게 피부가 그렇게 중요하다는 것을 알고 나서는 그 아이의 속상함에 공감이 되었고 그래서 저렇게 이야기할 수 있었다고 합니다.

이 시대의 아이들에 대한 논쟁에서 늘 빠지지 않는 것은 '근면'과 '최선'에 대한 논쟁입니다. 이에 대한 논쟁에서 중고생들, 대학생들,

젊은 선생님들, 중년기 선생님들의 입장 차이가 확실히 납니다. 중년기 선생님들 사이에서는 근면하지 못한 것에 대한 불편함이 넘쳐납니다. 반면 젊은 선생님들 사이에서는 무리하게 업무를 추진하는 것에 대한 불만이 많습니다. 학생들은 근면 자체를 피해야 할 것으로 여기고 '일찍 일어난 새가 빨리 잡아먹힌다.'라는 농담을 하곤 합니다. 또한 1970년대식 '최선'을 몸에 익힌 사람들과 2000년대식 '최선'을 장착한 사람들은 '최선'에 대해 서로 다른 개념을 가지고 있습니다. 서로 최선을 다하지 않는다고 비난하거나, 왜 영혼까지 갈아 넣으며 최선을 다하느냐며 부딪칩니다. 요즘 아이들이 말하는 '최선'은 하고 싶은 것을 참아 내면서 이룩하는 것이 아니라, 하고 싶은 것을 조절하면서 해내는 것을 말합니다.

어쩌면 이 시대 아이들의 가치를 이해하면서 보조를 맞추는 것이 필요할 것 같습니다. 그리고 선생님들이 경험한 역사적 조망과 교훈에 의거해 학생들에게 지혜를 줄 수 있다면 더 좋을 것 같습니다.

아이들에게 구시대의 표상으로 총알받이가 되면, 기분이 상하고 뒤안길로 사라질 것 같은 찝찝함을 경험할 수도 있습니다. 그런 가슴앓이를 하는 일이 전보다 늘었습니다. 어떤 부분은 기술의 발전 때문이기도 하지만, 어떤 부분은 우리가 예측하고 준비한 대로 되지 않거나, 우리가 잘못했기 때문일 수도 있습니다. 누구도 경험하지 못했던 빠른 변화에 대해 교실에서 아이들과 공감대를 형성하면서 공통의 질문을 가지고 어른의 지혜를 보여 줄 때도 가끔은 있어야 할 것 같습니다. 세월호 참사부터 촛불 혁명, 그리고 최근의 코로나19 사태까지 우리의 존재를 근본적으로 건드리는 일들이 너무나 많이 벌어지고 있습니다. 인구는 줄고 기후 위기가 닥쳐오고 감염병으로 수십만 명이 사망하는 상황에서 아이들은 교사의 경험과 발언을 궁금해하고 있습니다. 교사이자 사회 운동가인 파커 파머의 말처럼 문명의 최전선에서, 세상에서 벌어지는 일들과 교실에서의 담화를 연결시켜야 하는 선생님들의 과제가 이전보다 커진 것 같습니다.

알파 세대는
어떤 아이들인가요?

호주의 사회학자 마크 매크린들은 2010년을 기점으로 그 이후 15년간 태어난 아이들을 '알파 세대'라 칭했습니다. 2010년에 태어난 아이들은 2021년에 초등학교 5학년이지요. 이들은 태어날 때부터 인공 지능을 접하고 자라는 'AI 네이티브' 세대로, '디지털 네이티브'라 불리는 전 세대(Z세대)와도 확연한 차이를 보인다고 합니다.

여기에서 소개하는 알파 세대의 특징은 정신과 의사인 제가 아이들과의 상담에서 경험한 것으로 경기도교육연수원 상담 연수 자료집에 실은 내용입니다. 이 특징들은 옳다 그르다 평가하기 전에 하나의 단초이자 현상입니다. 지금 진료실에 오는 10대 초반 아이들의 이야기가 자료의 기원입니다.

1. "아리야! 선생님한테 혼났어. 음악 좀 틀어 줘."

_고통을 위로하는 방식이 달라진다.

"기분 완전 구리네. 아리야, 기분 좋은 음악 부탁해." "아리야, 나한테 사랑한다고 말해 줄래?" "아리야, 아니야, 조용한 음악 말고 시끄러운 거 틀어 줘."
'아리'는 사람이 아닙니다. 아리는 조명도 되고, 음악도 틀어 주고, 사람과
일부 대화도 나누는 인공 지능 '봇'입니다. 앞으로의 아이들은 다양한 '봇'과
사귀고 놀고, 그들과 관계를 맺는 것을 불편하게 여기지 않을 것입니다. 또
한 스마트폰을 포함해 곳곳에 '봇'을 만들고 이용하고 진화시킬 것입니다.

2. "내 취향은 나보다 넷플릭스가 더 잘 알아."
_정체성을 파악하는 방식이 바뀐다.

내가 누구인지 모르겠다고 방황하는 청춘부터 배달 음식을 시킬 때 메뉴
선택이 괴로운 사람들까지도 새로운 시대에는 걱정이 없습니다. 데이터에
물어보면 되니까요. 스마트폰에 담겨 있는 신용 카드 사용 데이터를 보면,
내가 가장 좋아하고 가장 자주 주문한 음식이 무엇인지, 시간대가 언제였는
지 알 수 있습니다. 내가 어떤 콘텐츠를 좋아하는지는 나보다 넷플릭스나
유튜브가 더 잘 알고 있습니다. 나에 대한 정보는 나의 데이터가 말해 줄 것
입니다.

3. "할머니, 빨리 영상 켜요!"
_인간관계의 방식이 달라진다.

할머니 할아버지를 직접 만나러 가는 일은 아주 특별한 일이 될 수도 있습
니다. 온라인으로 만날 수 있는 방법은 더 늘어날 것입니다. 영상 통화나 줌
보다 좋은 채널이 수없이 나오겠지요. 이번에 코로나19로 사회적 거리 두기

를 시행하면서 이미 많은 모임에서 변화가 일어나기 시작했습니다. "뭘 모이냐. 그냥 집에서 줌으로 회의하자."라는 사람들이 늘고 있습니다. 이제 차멀미를 하면서 비탈길을 돌아 할머니를 만나는 일보다, 여러 영상 어플리케이션을 통해 할머니를 만나는 것이 일상이 될 것입니다.

4. "챗봇이 언제나 친절하게 상담해 주는데, 왜 직접 가?"
_정보 습득 방식이 달라진다.

'챗봇'의 발전은 눈부십니다. '챗봇'은 점차 할 수 있는 영역이 늘어나고 있습니다. 알고리듬, 머신 러닝의 비약적 발전으로 이제 '챗봇'은 장난스러운 수준이 아니라 정확하게 답을 할 수 있는 능력을 키우고 있습니다. 그럼 업무 창구에 있는 사람의 수는 많을 필요가 없습니다. '챗봇'은 FAQ(자주 묻는 질문)를 찾고 플로를 만들고 섬세한 답을 설계해서 인간의 질문에 답을 할 것입니다.

5. "말로 하면 어떻게 알아요? 유튜브로 녹화해 주세요!"
_정보 전달 방식이 달라진다.

알파 세대는 아기 때부터 시각적 자극을 한껏 먹고 살았습니다. 인공 지능과 홀로그램, 버추얼 리얼리티까지 활용되는 시대에 잔소리는 이제 지겹습니다. 엄마 잔소리를 유튜브에서 방영하라는 아이들도 있습니다. 그러면 그 영상을 자주 시청해서 조회 수도 높일 수 있고 그러면 엄마 말도 더 귀에 잘 들어올 것이라고 합니다. 시각화된 자료에 대한 탐닉은 계속될 것입니다. 지금도 인포그래픽, 디지털 싱킹, 스마트 학습 등 다양한 학습 보조 도구들의 핵심은 시각화입니다. "엄마가 잘 설명해 줄게. 들어 봐." 이런 말은 정말 사라질지도 모릅니다. "엄마가 녹화해 놓았어. 봐." 아니면 "엄마가 어떻게 하는지 동영상으로 찍어 놓았으니 잘 따라해 봐." 하는 시대가 머지않았습니다.

6. "공부 안 해! 지금으로도 난 행복해!"
_삶의 목표가 달라진다.

하나의 현실적인 목표를 이루기 위해 많은 노력을 들이는 것은 어른들의 문화입니다. 아이들은 게임에서 왕이 되고 사업가도 되고 스타 플레이어도 됩니다. 가짜지만 진짜 같은 환상과 만족을 주는 게임에 빠져 오랜 시간을 보내고 나면, 현실에서까지 그렇게 실제로 꿈을 이룰 필요를 못 느낍니다. 진료실에서 이런 아이들을 자주 봅니다. 아무 생각 없이 게임만 하고 유튜브를 보고 지내도 문제가 없습니다. 경제적으로는 부모 덕에 어려움이 없고, 부모의 사후에도 부모가 벌어 놓은 것으로 충분하다고 말합니다. 이런 아이들이 생긴 지 10년은 된 것 같습니다.

7. "짜증 나게 물어보지 마. 내가 뭐했는지 다 알잖아!"
_정보의 자유가 침해되고 정보가 판매·유통된다.

부모가 고가의 정보 시스템에 가입해 아이의 동선을 CCTV로 파악하고, 카드 사용 내역을 추적해서 아이의 소비 상태도 다 알 수 있게 됩니다. 부모,

혹은 누군가가 나를 계속 보고 있어서 육체의 비밀을 간직하기는 어렵습니다. 오직 마음만 숨길 수 있고 내 상상만 숨길 수 있는데, 이조차도 알아내려 하는 여러 기술들이 계속 개발되고 있습니다. 자유는 훨씬 더 줄어들었고, 센서, 데이터, 인공 지능에 의해 발가벗겨지는 일은 너무 흔해졌습니다.

8. "여기가 현실이야. 건드리지 마!"

_중독성이 높아진다.

실제보다 '레알 리얼'한 놀이를 할 수 있는 기술이 등장하고 있습니다. 온갖 VR 기술들을 접목시킨 VR 게임은 손가락과 두뇌로만 하는 게임보다 더 사람을 빠져들게 할 것입니다. 여기에다가 약간의 약물이나 혹은 마약까지 결합되어 오감을 만족하는 가상 체험의 시대가 열리면 우리는 잠시 놀고 그치는 데서 만족하기 어렵게 될 것입니다. 진짜처럼 전투를 치루고 난 뒤, 바로 아무 일 없다는 듯이 감정을 제자리로 돌려놓기란 힘들 수 있습니다. 자극적이고 짜릿해서 현실로 돌아오기 싫은 가상 체험들은 계속 개발될 것입니다.

9. "널 사랑해. 내 심장 뛰는 거 안 보여?"

_의사소통 방식이 변화한다.

사랑을 고백할 때도 심장이 뛰는 것을 보여 주고, 불안할 때는 가쁜 호흡을 보여 줄 것입니다. 심장 박동이나 호흡 같은 신체적 변화는 모두 시각적 데이터로 변환할 수 있고, 웨어러블 스마트 기기, 스마트 정보 시스템, 시각적 구현이 쉬운 영상 동기화 기술의 발전은 인간관계를 측정하고 시각적으로 노출하는 데 기여할 것입니다. 거짓말을 할 때 땀이 나고 근육이 긴장되는 것을 바로 그래픽으로 보여 줄 수 있고, 공감할 때는 뇌 속의 섬엽 부위가 활성화된 것을 모바일 MRI 혹은 모바일 소형 뇌 스캔 촬영으로 그 자리에서 보여 줄 수도 있습니다. 이제 속임수란 불가능합니다. 이 영화 같은 이야기는 경제성 문제가 있지만 이미 상당히 상용화되었습니다. 초음파 기기나 심전도 기기 등은 이미 이동성 높은 휴대용 기기가 생겼습니다. 조금만 더 지나면 학교 교실마다 거짓말 탐지기가 배치돼서, 선생님이 아이들을 다그칠 필요도 없이 거짓말 탐지기 앞에 앉으라고만 하게 될 수도 있습니다. 물론 집집마다 구비할 수도 있지요. 어떤 부모들은 이 장비를 열렬히 환영할 수도 있습니다.

10. "너 아직도 그 기종 써? 네 엄마는 너를 사랑하지 않나 봐."
_인간 능력이 기계의 기능이나 소유로 표현된다.
낡은 기종의 스마트폰을 쓴다는 것은 사랑받지 못한다는 것, 가난하다는 것 혹은 무식하다는 것의 증거가 되고 있습니다. 이미 아이들의 소원은 모두 가장 최신의 스마트폰을 갖는 것입니다. 어른들은 최신 기종들 간의 기술적 차이를 잘 모르지만 아이들은 훤히 알고 있습니다. 사양이 좋은 스마트폰을 가질수록 할 수 있는 것은 늘어납니다. 또 용량이 크면 더 많은 것을 이용하고 저장할 수 있습니다. 스마트폰은 사랑입니다. 역량이고 능력입니다. 이제 좋은 기계를 소유한 사람이 승리하는 사회입니다.

3

불가능한
직업,
교사

프로이트가 말한 교사의 어려움

지그문트 프로이트는 만족을 얻기 어려운 직업으로 제일 먼저 정신 분석가를 꼽았습니다. 그다음 두 가지 직업을 더 언급했는데 바로 교사와 정치가입니다. 그가 1937년에 완성한 『끝낼 수 있는 분석과 끝낼 수 없는 분석』이라는 논문에 나오는 이야기입니다.

정신 분석가, 교사, 정치가 이 세 집단이 불가능한 직업인 이유는 첫 번째, 그들이 목표로 삼는 것이 끝을 가늠할 수 없는 것이기 때문입니다. 배움에 끝이 있나요? 행복하게 살고 싶은 욕망에 끝이 있나요? 병이 나아서 건강하고 성숙하게 산다는 것이 가능한가요? 결국

> 66 악이 승리하는 데 필요한 유일한 조건은
> 선한 사람들이 아무것도 하지 않는 것이다. 99
>
> _에드먼드 버크(영국 정치가)

> 66 새롭게 한 발을 내딛는 것이
> 사람들이 가장 두려워하는 것이다. 99
>
> _표도르 도스토옙스키

우리는 죽는데 말입니다.

두 번째 이유는 이 세 가지 직업의 특징이 자기 혼자서는 할 수 없는 일이라는 데 있습니다. 모두 누구와 같이 해야만 하는 일이지요. 직업 정치가에게 대중은 알 수 없는 존재입니다. 정신 분석가에게 환자는 늘 어려운 존재이고 그 깊은 무의식에 접근하기 어렵지요. 쉽게 변하지 않을뿐더러 어떤 증상은 장시간 지속됩니다. 아이들 또한 선생님의 생각대로 되는 일은 정말 드물지요. '어떻게 내가 한 말을 이렇게 이해했지?' 하는 의문에 자주 사로잡힙니다. 가르치는 사람의 마음과 배우는 사람의 마음이 다르다는 것, 화자와 청자의 간극을 좁히기란 쉽지 않습니다. 이해하기를 실패하거나 오해하는 것은 필연이지요. 교육, 상담, 정치, 이 세 가지 과업에는 실패가 훨씬 더 많이 노정되어 있습니다. 그래서 우리는 끝없이 연구를 합니다. 실패하지 않기 위하여 끝없이 연구를 하지만 종종 불가능에 직면하기도 합니다.

교사나 정신 분석가, 정치가가 어려운 이유가 하나 더 있습니다. 바로 상대방의 요구에 응해야 한다는 것입니다. 학생은 교사에게 묻고, 피분석자인 환자는 정신 분석가에게 묻고, 시민은 정치가에게 묻습니다. 알고 있는지 묻고, 해 줄 것인지 묻고, 또 그들에게 어떻게 경험했는지 물으면서 교사, 정신 분석가, 정치가에게 윤리를 요구합니다. 무지한 교사에게 배우려 하지 않고, 자기 자신이 혼란한 정신 분석가에게 치료받으려 하지 않고, 본인의 욕구대로만 하는 정치가에게 정치를 맡기지 않는다는 것입니다. 사람들은 교사가 제대로 알고 있는가를 묻고, 또 교사가 우리보다 먼저 아는 사람인가 묻고, 아는 사람으로서 실천하고 있는가를 묻는다는 것입니다. 이런 것들이 이 직업들이 갖는 어려움이라고 프로이트는 말했습니다.

그러면 어떻게 하라는 것일까요? 그만두라는 소리일까요? 프로이트는 불가능하기 때문에 생기는 역설을 말했습니다. 불가능하기 때문에 가능하게 하고 싶은 욕구가 생기고, 가능하게 하기 위해 끊임없이 도전해 온 것이 이 직업을 지닌 인간들의 역사라고 말하고 있습니다.

그래서 선생님들이 계속 배움에 도달하는 교사가 되려고 노력하고, 실천하는 교사가 되겠다고 모임도 만들고, 만남도 하고 있는 것일지도 모릅니다. 프로이트는 정신 분석가에게 첫 번째 긴 교육 분석을 마친 뒤에 적어도 5년 주기로 재분석을 받아 볼 것을 권했습니다. 사실 끝없이 분석을 받아야 하는 과정이지요.

알베르 카뮈의 『시지프 신화』에 나오는 시시포스처럼, 이 직업의 사람들은 머무를 수 없고, 불가능한 것을 가능하게 만드는 도상에서 영원히 삶을 살아가야 하는 운명을 받아들여야 하는지도 모릅니다.

교실이라는 극장에서 각본대로 되는 공연은 없다

그런데 프로이트가 또 하나 놀란 점이 있었습니다. 환자 중에 나으려고 하지 않는 환자가 있다는 것입니다. 환자는 아픈 사람이고 아픈 사람은 아프지 않은 상태로 가려는 것이 본능이고 올바른 방향인데, 아픈 채로 있는 것을 견디고 그러기 위해 '저항'하고 '부정적 치료 반응'으로 일관하는 환자들을 발견했습니다. 프로이트는 이 사람들을 연구했습니다.

프로이트의 '부정적 치료 반응'이라는 개념은 이후 교육에도 영향을 미쳤습니다. 교사들이 흔히 보듯이 배우지 않겠다는 아이들, 그래서 소중한 배움의 시간을 헛되게 소비하는 아이들이 적지 않습니다. 프로이트가 치료를 통해 나아지는 과정에서 겪어야 하는 여러 저항을 발견한 것처럼, 배움의 과정에서도 여러 상처와 긴장이 발생합니다.

첫째, 배움과 가르침 사이에서 배움에 대한 저항이 발생합니다. 어떤 유형의 아이들에게 배우는 것은 고통이며 복종을 뜻합니다. 교실에는 배움에 저항하는 다양한 아이들이 있습니다. 교사는 이 저항과 함께 뒹굴거나 저항을 통과하여 가르침에 다가서야 하고 이 과정에서 상처가 생깁니다.

둘째, 신세대와 구세대 사이에서 문화의 저항이 발생합니다. 새로운 문화를 가지고 있는 신세대는 구세대의 문화에 저항하고 부딪힙니다. 새로운 세대와의 간극이 클수록 그리고 주장이 강할수록 구세대는 상처를 받습니다.

셋째, 권위자와 비권위자 사이에서 위계에 대한 저항이 발생합니다. 수직적 관계에는 늘 억압과 해방 사이의 긴장이 존재합니다. 아이들은 교사의 권위에서 오는 억압으로부터 자신을 보호하기 위해 저항합니다. 권위에 강력하게 도전하는 아이들은 언제나 있습니다. 교사의 권위가 인정받지 못하거나 혹은 권위가 지나치게 경직되게 작동될 때 교사도 상처를 받습니다.

넷째, 평가자와 피평가자 사이에서 평가에 대한 저항이 발생합니다. 우리처럼 성적과 이로 인한 경쟁이 크면 평가에 대한 저항이 더 높아집니다. 관계나 가치를 배반한 평가가 있을 때 상처가 더 커집니다.

다섯째, 애정과 인정을 추구하며 불인정에 대한 저항이 발생합니다. 아이들은 저항하면서도 동시에 애정과 인정을 추구하는데, 이 애정과 인정의 방식이 자신들이 알고 있는 원리와 기대에 어긋나면 저항이 높아집니다. 애정과 인정을 갈구하는 아이들이 어떻게 교실에서 수용되고 인정받느냐에 따라 상처가 달라질 수 있습니다.

교실에서 자연스럽게 발생하는 긴장이 치유로 이어질지 상처로 이어질지는 교사의 이해에도 달려 있고 학생들의 경험이나 분위기, 상처에도 달려 있습니다. 하지만 분명한 것은 이런 긴장과 저항이 벌어지는 극장인 교실에서 교사의 각본대로 되지 않는 날이 적지 않다는 것입니다. 그래서 교사는 실패에 대한 임기응변적 대처에 강한 직업이 될 수밖에 없습니다. 어찌 보면 교사의 실패는 늘 예정되어 있다고 봐야 합니다. 모든 상황에 잘 대처하기를 기대하면서 교사를 한다면 너무나 자주 실패하게 될 것입니다.

고전적 교육 기관으로서의 학교는 사라지고 있다

현대 사회에 들어와서 다양한 비평학자들이나 비판적인 정책가들이 학교 조직과 교육 과업의 변화에 대해 아래와 같이 말하고 있습니다.

― 학교는 교육하는 기관이 아니라 성적에 기반하여 아이들을 서열화하는 기관이다.

― 학교는 학년이 올라갈수록 직업 교육 훈련 기관이 되어 간다.

― 학교는 정권에 따라 바뀌는 정책을 반영하고 그에 복무하는 사회 하부 구조로의 역할이 더 커지고 있다.

― 학교(특히 대학)는 신자유주의 이후 산업적 영향을 직접적으로 받는 기업의 하부가 되었고, 교육자-학생 관계보다는 훈련자와 수요자, 그리고 고객의 개념이 더 많이 침투하였다.

― 학교는 중앙 집권화된 정부의 가장 효과적인 하부 조직이 되었다. 정부는 학교를 통치의 기본 플랫폼으로 사용하고 교사들을 정부 정책의 실행을 위한 톱니바퀴 정도로 여긴다.

― 중고등 학부모와 학생 들은 점차 일본처럼 학교를 입시를 위해 형식적으로 거쳐 가는 곳으로 여긴다. 공부는 학원에서 하고 학교는 졸업장만을 위한 곳이다. 학교는 공부보다 사교의 장이 되거나 내신을 얻기 위한 평가의 장이 되거나 혹은 졸업장 외에는 진짜 아무 기능이 없는 것처럼 취급되기도 한다.

학교의 '교육 불가능'에 대해 말하는 이들은 사회의 변화, 즉 신자유주의의 도래로 인해 학교의 기능과 가르치고 배우는 교사 학생 관계에 변화가 생겼다고 주장합니다. 그리고 이 과정에서 교사가 더 지치고 절망하는 환경이 마련되었다고 합니다. 학생과 교사의 사이가 변질되어, 그야말로 학생은 학교와 교사가 접대해야 하는 고객이 되었습니다. 학부모의 인식과 행동을 보면 이를 더 잘 알 수 있습니다. 아이들은 소비자로 훈련되어 학교 시설, 교직원의 친절, 급식 수준, 교사의 수업 능력 등으로 학교를 평가합니다. 학부모들은 학교를 아이가 어쩔 수 없이 거쳐야 하는 과정으로만 여기고 좋은 내신 성적과 졸업장을 받는 데 피해를 주지 않았으면 하는 바람을 공공연히 이야기합니다.

또 교육부는 정책으로 개별 교사의 교실까지 통제하기가 일쑤이고 다양한 사회적 문제의 대안으로 학교를 활용하고 교사를 동원하고 싶어 합니다. 돌봄, 선거, 재난, 정책 홍보라는 여러 행정적, 정책적 내용들이 학교라는 관문을 통해 아이들과 학부모에게 전달되면서, 학교는 가장 확실한 홍보와 동원의 창구가 되기도 합니다. 그 과정에서 좋은 배움이 일어날 수 있는 학교의 조건들을 잃고 있습니다.

교육은 시대의 각계각층의 요구에 따라 끊임없이 변신 중이고, 학교가 이렇게 되어야 한다, 저렇게 되어야 한다 하며 말을 보태는 사람은 수도 없이 많은데, 정작 교사들에게는 제대로 묻지 않습니다. 도처의 교육 관련 요직에도 교사 출신이 별로 없습니다. 그런 요지경의 한복판에 서서 교사들이 살고 있습니다.

아이들에게
당황하는 순간

"각자 좋아하는 피자 사 주세요."

피자를 사 준다고 해도 아이들이 예전만큼 좋아하지 않는다. 왜 그러냐고
물었더니 "각자 좋아하는 피자 브랜드가 달라서요." "단체용 피자 말고 각
자 좋아하는 브랜드의 피자 시켜도 돼요?"라는 답이 돌아왔다. 잠시 멈칫했
지만 체면상 "그래. 그렇게 하렴."이라고 했다. 얼마 지나지 않아 속으로는
후회했다.

"그 정도가 무슨 욕이에요?"

욕하는 아이들이 너무 많다. 욕을 교실에서 하지 말아야 한다는 규범 자체
가 사라진 것 같고, 욕의 범주와 용법도 달라진 것 같다. 기성세대에게 욕인
어떤 말들은 이제 욕이 아니라 추임새라고 한다. 어떤 선생님들은, 그 용어
를 욕이라고 여기고 학생들을 징계하기 시작하면 학교에 남을 중고생이 얼
마 되지 않는다고 했다.

"수업 말고 우리들을 연구해 주세요."

한 아이가 말했다. "선생님들의 근본적인 문제는 우리를 연구하지 않는다는 거예요." 그 아이의 주장은 선생님들이 수업만 연구하지 말고 자신들에 대해 알아야 하는데, 자신들에 대해서는 하나도 모르면서 본인 수업만 하니까 소통이 안 된다는 것이다. 자신들이 별로 알고 싶어 하지 않는 것을 모른다고 혼내니까 별로 임팩트가 없다고 한다. 그러면서 그 아이가 진료하는 의사인 나에게 낸 문제는 "염따가 누군지와 플렉스의 뜻을 말해 보세요."였다. 다행이었다. 나는 염따도 알고, 그의 대표 노래도 들어 보았고, 그가 만든 유행어도 알고 있었다. 나는 그 아이에게 연구자로 인정받았다. 그래서 상담해도 좋다고 허락을 얻었다.

4
현대의 교사들이
빠르게 소진되는
이유

가르치는 사람에서 복잡한 노동을 하는 사람으로

선생님들, 특히 초등학교 선생님들이 상담받으러 오시면 마치 입이라도 맞춘 듯 이렇게 이야기하십니다.

"오늘 하루 어떻게 지냈는지 모르겠어요. 정신이 없었어요."

"헐레벌떡 오느라고 정말 간신히 도착했어요."

"수업하다가, 상담하다가, 행정 하다가, 수업하다가, 다시 학부모랑 전화 상담하다가, 행정 업무 하나 마치고, 돌봄 업무 하다가 왔는데, 네트워크 업무는 못 하고 그냥 왔어요. 뭘 하고 사는 건지…."

정신없이 살고 있다는 푸념과 함께 상담이 시작되는 날이 많습

> 우리는 내려놓을 때 받는다. 위대한 역설이다.
>
> 우리는 위험한 장소에서 오히려 예기치 못한 안전을 발견한다.
>
> 모든 위험을 피하려는 사람들, 상처받지 않은 마음을
>
> 든든히 지키려는 사람들은 결국 자기가 만든 지옥에 갇히고 만다.
>
> 내게 필요한 것을 내 손으로 움켜쥐어야 한다는
>
> 신념이야말로 인간이 고난을 겪는 커다란 원천 중 하나다.
>
> _헨리 나우웬(네덜란드 출신 카톨릭 사제·신학자)

니다.

교사가 하는 일의 종류가 늘어나고 있습니다. 교육 정책 부서와 교사들 사이의 큰 갈등 중 하나는 업무의 종류와 부담, 책임, 담당에 대한 것입니다. 물론 나라에 따라 그 정도의 차이가 있지만 대체적으로 교사의 임무와 역할은 전 세계적으로 더 많아지고 있다고 합니다.

또한 가족의 기능이 약화되고 해체되는 과정을 겪고 있는 나라들은 상실된 가족 기능의 일부를 학교에 전이하기도 합니다. 그래서 현대 사회에서 교사는 수업, 상담, 행정, 돌봄, 지원, 봉사 더 나아가 기본적인 대인 관계에서의 에티켓을 포함한 여러 사회 기술을 교육

하는 역할까지 맡고 있습니다. 교사의 노동은 계속 가짓수가 늘어서, 현재 초등학교 교사의 노동을 세분화하면 학교에 따라 스무 가지에 육박하는 경우도 있습니다. 미세 먼지가 많은 날에는 기상 캐스터 역할이 추가되고, 인플루엔자 유행 시기에는 건강 관리 업무도 추가됩니다.

여기서 교사들의 깊은 상처가 발생합니다. 본인은 가르치는 사람의 정체성을 가지기 위해 교사가 되었는데, 막상 교직에서 시간을 보낼수록 가르치는 것보다 다른 일들이 더 강조되는 것이 충격이고 상처입니다. 가르치는 일은 뒷전으로 밀리고 그저 학생 혹은 학부모를 관리하는 일만 해도 되는 상황이 종종 발생하면 당혹감을 느끼기도 합니다. 한마디로 교사로서의 정체성이 혼란스러운 상태에 빠집니다. 가르치는 일이 좋아서 교사가 되었는데, 가르치는 일보다 더 많은 다른 일을 해야 하는 상황이 교사를 극도로 힘들고 피곤하게 만듭니다.

특히 새로 발생하거나 맡게 된 일에 대해 아무도 가르쳐 주지 않는 경우가 허다합니다. 그래서 스스로 찾아서 해야 하는 경우도 생깁니다. 그런 경험을 하는 교사들은 상담 시간에 와서 거의 비슷하게 표현하는데, '던져졌다' 또는 '내동댕이쳐졌다'라는 표현을 씁니다. 정신 의학에서 표현하는 비슷한 용어로는 '유기된' 상태, 즉 돌봄 없이 버려진 상태와 유사합니다. 그리고 그 상황에서 살아남기 위하여 업무를 꾸역꾸역 해내면서 분노가 쌓인다고 합니다.

1부 상처투성이의 교사들

수많은 일을 처리하려면 멀티태스킹이 필수입니다. 말이 좋아 멀티태스킹이지 한 번에 여러 일이 터졌을 때 순발력을 발휘해서 일을 처리해야 하는데, 이것이 어렵고 힘들다고 합니다. 멀티태스킹은 사실 어려운 일입니다. 어떤 학자는 멀티태스킹을 너무 오래하면 정신 건강에도 좋지 않다고 했습니다. 컴퓨터에 여러 화면을 동시에 띄워놓고 작업을 하면 작업 속도가 느려지고 프로그램들끼리 부딪혀서 컴퓨터가 다운되는 것과 유사합니다. 그래도 교사들은 더 일하고, 더 챙기고, 더 따지고, 더 준비를 많이 해야 한다고 생각합니다. 그래서 더 많이 일하다 보면 빨리 소진되고 마는 것입니다.

안전은 물론 더 심해진 감정 노동을 하는 사람으로

교사 노동의 정서적 강도는 시간이 갈수록 아주 높아지고 있습니다. 트라우마 공감 교육에 관한 책들과 독일의 노동 환경을 담은 요아힘 바우어의 책 『왜 우리는 행복을 일에서 찾고, 일을 하며 병들어 갈까』를 보면 교사의 노동이 아주 강도 높은 수준으로 바뀌었다고 서술되어 있습니다.

특히 미국 교사들의 정서적 스트레스는 최고 수준에 해당한다는 보고도 있습니다. 학교 폭력, 불순응, 정서적 어려움이 많은 아이들의 증가, 교육 격차, 교육에 대한 재정 지원 부족 등으로 상당한 어려움에 처해 있다고 기술되어 있습니다. 또 마약을 하거나 폭력 조직에 가담하거나 10대에 임신을 하는 정도 등의 일이 청소년의 주요 문제인 지역의 학교에서 일하는 선생님들은 특히 더 어렵다고 하지요.

우리나라도 이전과 비교하면 확실히 힘들어졌습니다. 학교 업무, 아이들과의 관계, 학부모와의 관계 등 여러 방면에서 노동 강도는 높아졌고, 관계에서 오는 부담도 높아졌습니다. 때로는 법정에 설 각오를 하고 개입해야 하는 일도 있습니다.

아이들은 거칠고 협력적이지 않습니다. 예측 불가능한 아이들, 정서적으로 불안정한 아이들이 늘고 있습니다. 폭발하는 아이에게 물리기도 하고, 침을 맞고, 옷이 찢기는 실랑이를 하는 선생님들도 있습니다. 한편 아이들 사이의 격차는 갈수록 더 커지고 있습니다. 아동 학대 속에서도 꿋꿋이 견디면서 살아가는 안타까운 아이들이 있어서 마음으로 함께 힘들어하기도 하지만, 유명한 집안의 자녀가 보이는 부도덕함에 치를 떨기도 합니다.

부모님들은 모두의 어른이기보다 자기 자식의 수호자로만 행세하면서 좀처럼 교실의 다양한 아이들을 이해하려고 노력하지 않습니다. 오히려 일부 부모님들은 아이들을 통해서 교실을 곤경에 처하게 하고 선생님을 난처하게 하는 일이 많습니다.

학부모에 의한 '담임 교체' 현상이 증가한 것은 2017년 이후의 일인 것 같습니다. 초등학교에서 '담임 교체'가 학부모들 사이에서 흔히 거론되고 논의된다는 사실에 깜짝 놀랐습니다. 그리고 교체될 위기에 놓인 선생님 혹은 교체된 선생님과 상담하면서 알게 된 것은, 교사들이 이 과정에서 크나큰 시련과 아픔을 경험한다는 것이었습니다. 위로도 쉽지 않았습니다.

그런데 관리자는 업무만 생각하고 교사들의 처지와 어려움을 고려하지 않는 경우가 허다합니다. 야망이 큰 관리자는 참 어렵습니다. "교육청과 교육부는 교사를 국가의 졸개 혹은 말단의 부속품처럼 취급한다."라고 어느 선생님이 말씀하시더군요. 감정적 총알받이로 여기고, 이런저런 일들을 학교에 막 우겨 넣는다고 합니다. 또 최근에 학교에 다양한 직종이 생기면서 발생하는 불협화음이나 역할상의 갈등도 전보다 더 힘들어진 일 중 하나라고 합니다.

이 힘든 와중에 학교 폭력 사건이 잘 해결되지 않아 담임 교사가 법정에 서는 일이 생기면, 교사와 협력하지 않는 아이나 학부모에게 들들 볶이고 나면, 맡지 않겠다는 보직을 어쩔 수 없이 맡았으나 제대로 돌아가는 일이 하나도 없으면, 다른 교사의 협력도 없이 혼자 죽을 쑤고 나면 계속 일할 생각이 사라지는데 그런 날이 하루 이틀이 아니라고 합니다. 이 과정에서 교사는 말 그대로 영혼을 갈아 넣는 경우가 허다합니다.

점점 사라지거나 줄어드는 자부심과 자긍심

학교가 더 이상 교육의 독점적 지위를 유지하지 않는다는 것을 우리는 잘 알고 있습니다. 교사는 지식을 전수하던 자의 위치에서 밀려나고 있습니다. 반면 행정 단위로서 학교의 기능은 한층 강화된 상태입니다.

지식과 정보도 홍수이고, 지식과 정보의 유통도 홍수입니다. 그러다 보니 선생님도 홍수입니다. 온갖 곳에 다양한 선생님이 포진되어 있습니다. 우리말에서 '선생님'이 존대하는 상황에서 상대를 일컫는 말로 광범위하게 사용되다 보니, 그 의미를 잘 모르는 어린 학생들은 엉뚱한 비교를 하기도 합니다. 한 아이는 자기 집에 오는 정수기 관리 선생님이 정말 친절하다며, 그에 비해 학교 선생님은 정말 불친절하다고 했습니다. 주변에 '선생님'이라고 불리는 어른들 천지인 그 아이에게는 학교 선생님이 그렇게 비추어진 모양입니다.

교직은 여전히 선망의 대상입니다. 부모나 아이들의 희망 직업에서 순위가 높습니다. 그런데 그 이유가 교육자로서 아이들에 대한 사명 때문이 아닙니다. 언론을 비롯한 사회에서는 교사의 '방학'과 '연금'을 언급하며 교사에 대해 부정적 시선 혹은 시기심 어린 시선을 보냅니다. 어떤 선생님은 친구들 모임에서 요즘 너무 힘들다고 했더니, 그래도 교사는 방학이 있지 않냐, 그래도 연금이 있지 않느냐고 해서 말할 기분을 잃었다고 합니다. 아마 사람들이 자신의 삶에서 간절히 갈구하는 것이 긴 휴가와 높은 연금이기에 더 그런 것 같습니다. '기승전-방학', '기승전-연금' 이슈인 셈인데 한때 교사들의 방학을 없애자는 국민 청원이 올라와 교사들에게 큰 충격을 주기도 했습니다. 방학마저 사회적으로 인정해 주지 않는 나라에서 교직을 하는 것에 자괴감이 든다고들 하십니다.

반면 교사들은 존경을 더 받기를 원하는 경우가 많습니다. 사회적으로 교사들의 기여와 활약을 인정해 주기를 바랍니다. 그렇지만 우리나라에서 전문 직업군에 대한 평가나 신뢰 그리고 사회 기여도에 대한 언론의 잣대는 무척 가혹합니다. 더 높은 윤리적 기대를 적용하는 것이 당연하게 여겨지고, 더 강도 높은 비판을 하는 것이 의무인 것처럼 되어 있습니다. 교사에 대한 불인정과 야속한 비판은 전문직 교사 집단의 자존심에 상처를 주곤 합니다. 교사 자신이 생각하는 기대와 사회가 내리는 평가 사이의 간극이 교사의 아픔이 됩니다. 자기애적 상처가 됩니다. 자기애적 상처는 울분을 낳고, 많은 교사가 불쾌한 기분을 안고 살아갑니다. 그리고 불쾌한 기분은 냉소로 전환되어 교직의 열정을 냉각시키는 경우를 종종 보곤 합니다.

교직의 숭고함을 생각했으나 여러 현실에 실망하고 스스로 야만적인 교사로 돌아갔다는 분들도 계셨습니다. 반대로 처음부터 교직을 안정된 직업으로만 생각했던 분들은 교직에 대한 환상이 없고, 국민들의 기대와 비판에서 자신을 정서적으로 격리시켜서 영향을 받지 않으려고 합니다. 물론 교사로서의 보람과 행복을 경험하고 적절한 자부심과 자긍심을 가지고 살아가는 분들이 많지만, 기대와 현실의 차이로 인해 마치 사회가 교사를 감시하고 처벌하려고 한다는 감정을 자주 경험하면서 피해 의식을 갖거나 피해자화되기도 합니다.

결과적으로 자부심은 낮아지고, 자긍심은 부족해집니다. 이 상태가 만연되면 학교라는 조직과 교육이라는 사회적 과업에 심각한 문제가 발생될 것입니다.

실제 대우가 자기가 기대한 대우와 차이 나면 분노와 울분을 낳습니다. 특히 일정한 희생이나 노력을 들였는데 돌아오는 대우가 형편없을 때 분개하는 것은 당연합니다. 현대 사회에서 이를 어떻게 풀어 갈 것인가 하는 것은 국가에도, 전문가 집단에도 남겨진 숙제입니다.

영국과 미국의 교사들은
왜 교단을 떠날까?

영국의 신규 교사들이 교직을 떠나는 다섯 가지 이유

1. 일이 너무 많다. 일과 삶의 균형이 어렵다.
2. 언론 및 사회에서 교사들을 너무 폄하한다. 인정받지 못하고 일한다.
3. 변화가 너무 많다. 교육 과정, 운영 지침 등의 변화가 크고 많다.
4. 학생들의 도전적 행동이 너무 어렵다. 현재의 시스템과 학급당 학생 수로는 잘 지내기 어렵다.
5. 영국교육기준청의 평가 때문이다. 평가가 낮은 등급인 학교에서는 일하기 어렵고, 높은 등급인 학교에서도 일하기 어렵다.

2015년, 영국은 교사의 3분의 2가 첫 5년 안에 교직을 떠나는 것으로 집계되었다.

1. 일이 너무 많고 스트레스가 높다. 미국 전체 교사의 3분의 2가 다른 일에 비해 너무 스트레스가 높다고 했다. 학생 수, 업무 등 모든 면에서 일이 너무 많다.

2. 존중과 지원, 지지가 부족하다. 모든 전문직 중에서 교사가 자신이 하는 일이 가장 낮게 평가받는다고 느꼈다.

3. 시험과 문서, 자료로 인해 힘들다. 72%의 교사들이 학교 관리자나 교육청의 시험과 자료 수집에 대한 요구가 지나치다고 느끼거나 그로 인해 힘들어했다.

4. 급여가 적고, 지원이 적다. 비슷한 전문직에 비하면 지원이 19% 정도 낮고, 연봉도 낮다.

미국의 교사들이 첫 5년 안에 교직을 떠나는 비율은 19~30%로 보고되고 있다. 이로 인해 2019년 통계로 73억 달러, 우리 돈으로 대략 9조 원의 막대한 손실을 보고 있다고 한다.

2부

교사는 왜 소진되고
상처받는가?

1
교사의
감정적 소진과
트라우마

교사의 트라우마는 어디서 오나?

트라우마에 대한 아주 간단한 경험적 정의가 있습니다. 예상치 않은 일의 발생, 기대하지 않았던 일의 발생, 규칙적이던 상황에서 갑작스러운 일탈적인 일의 발생이 그 정의입니다. 임기응변이 필요한 일을 하는 사람들은 그런 점에서 트라우마가 더 많고 상처투성이일 수 있습니다. 하지만 적응이 되면 불규칙을 하나의 규칙 패턴으로 받아들이고, 더 이상 트라우마가 아닌 예상된 일, 기대한 일, 규칙적인 일, 즉 일상으로 인지하게 됩니다.

교사들은 아이들을 가르치는 지적인 노동이 교사 업무의 대부분이라고 생각하고 지망합니다. 하지만 교실에서 일어나는 이른바 '사건'의 상당 부분에는 감정 노동이 개입되어야 합니다. 아이들을 설득하고 달래고 화해시키고, 또 그 부모에게 전화를 잘해서 협조하게 만들어야 합니다. 배운 적도 없고, 제대로 훈련받은 적도 없는데 해야 하는 일이지요. 때로는 자신의 마음을 속이고 행동해야 할 때도 있고, 아이나 부모에게 감정을 맞추면서 일을 해야 할 때도 있습니다.

한 아이는 화가 나서 떠들고 있었고, 그 옆 아이는 자신이 생각한 대로 되지 않아서 짜증을 내고 있었는데, 결국 싸움이 일어났습니다. 말리고 떼어 놓고 진정을 시킨 후에 아이들에게 자초지종을 말할 기회를 주었습니다. 그런데 그중 한 아이가 갑자기 선생님이 더 화가 나게 했다면서 선생님 때문에 더 싸우게 되었다고 합니다. 선생님이 신호를 못 알아차린 데다가 말리는 것도 미온적이었고, 지금도 자기에게 위로가 되지 않는 말만 한다고 했습니다. 선생님은 이해가 되지 않았지요. 그래서 이 상황에서 어떻게 해야 했는지를 물었더니, 아이는 선생님이 답답하다고 했습니다. 선생님도 답답했습니다. 어찌 됐든 그날 싸움은 그것으로 끝이 났습니다. 며칠 뒤에 아이 상태가 좋을 때 선생님이 그때 어떻게 했어야 했는지 물었더니, 조금 더 적극적으로 표현해 주고 감정적으로 더 크게 위로를 해 주었어야 한다는 것이었습니다. 마치 배우가 연기하듯이, 실수한 직원이 고객에게 죄송해하듯이 행동을 했어야 한다고 말해서 기가 찼다고 합니다.

이렇듯 예상치 못했고 갑작스럽게 벌어지는 강한 감정 노동은 교사에게 트라우마로 남을 수 있습니다.

교사는 감정을 어떻게 처리하도록 요구받는가?

필립 릴라이라는 호주의 교육 이론가는 『애착 이론과 교사-학생 관계(Attachment Theory and the Teacher-Student Relationship)』라는 책에서 교사의 정서성(emotionality)에 대해 소개했습니다. 교사들이 정서적 영역에서 어려움을 갖는 이유에 대한 릴라이의 서술을 정리해 보았습니다.

1. 교사들은 자신의 업무가 합리적이고 이성적일 것이라고 생각합니다. 하지만 현실에서 이 논제는 틀린 경우가 많습니다. 교사에게는 비이성적인 방식으로, 아주 감정적으로 해결해야 하는 일들이 너무 많이 떠밀려 오는 것이 현실입니다.

2. 교사는 한 명이고, 아이들은 여럿입니다. 여럿의 아이가 교사를 향하여 표현하는 것은 주로 감정입니다. 교사는 그 감정을 받아줄 수 있는, 용량이 큰 감정 그릇이 있어야 합니다.

3. 교사는 감정의 도가니인 교실에서 정작 자신의 감정을 처리하기 어렵습니다. 홀로 있지만 어른의 표상으로 서 있기 때문입니다.

4. 그런데 교사는 교무실에서도 감정을 처리하기 어렵습니다. 교사들이 충분히 의사소통을 하고 신뢰로 연결되어 있지 않다면 교무실에서 감정을 쏟아 내고 처리하기란 쉽지 않습니다. 그러므로 교사는 감정을 다루어야 하지만, 감정을 다룰 시간과 장소를 충분히 제공받지 못하는 경우가 많다는 것을 알아야 합니다.

5. 교실에서 학생들이 교사에게 쏟아 내는 감정 중에는 교사가 당황할 만한 감정들이 종종 있는데, 이런 상황을 교사가 어떻게 소화하고 처리해야 하는지에 대한 훈련은 거의 받아 본 적이 없습니다.

6. 교사는 감정적으로 혼란스러운 상황에서도 안정적인 태도를 기대받는 것이 일반적입니다. 교사마저 혼란스러워하면 비난받는 경우가 대부분입니다.

2부 교사는 왜 소진되고 상처받는가?

7. 교사가 겪어 내는 감정에 대해 자기를 돌보거나 정서적 스트레스를 다룰 시간이 학교에서 충분히 제공되지 않는 경우가 많습니다. 그러므로 교사는 이것을 개인적으로 돌봐야 하는데, 가능할 때도 있지만 불충분할 때도 많습니다.

8. 간혹 일부 교사들은 자신의 감정적 스트레스를 부정하고 격리합니다. 자신의 감정에 관심이 없다고 하는 분도 있고 일부는 감정 자체를 아주 싫어합니다.

9. 간혹 일부 교사들은 감정적 스트레스 해소법을 수업, 제도, 학생 등 외부 요인들의 보상이나 징벌을 통해 찾고, 자신의 교실이나 관계 등에서는 찾지 않습니다. 심지어 그 분야 안에서는 진실을 규명하지 않고 싶어 하는 분도 있습니다.

10. 간혹 교사들은 감정을 이해하지 못한다고 비난을 받습니다. 그 과정에서 교사의 자격, 정체성, 교사로서의 준비와 지식에 대해 도전을 받기도 합니다. 이 공격을 처리해야 하는 숙제를 부여받습니다.

11. 교사의 자유와 자율성의 범위를 정하거나 줄이려는 시도를 통해 교사가 과하게 통제받기도 합니다. 상급자나 교육 제도로 인해 교사가 느끼고 이해한 바대로 접근할 수 없는 한계에 부딪히게 됩니다.

12. 모두가 교사를 공격하는데, 교사는 반격할 수 있는 것조차 반격하기가 생각보다 어렵습니다. 그러므로 늘 불만이 잘 해소되지 않는 것을 견뎌야 합니다.

교사의 정서 처리 과정은 교사가 소진되기 쉬운 이유 중 하나입니다. 정서적 스트레스가 높은 반면 해결할 기회나 장치가 부족하면 소진이 일어납니다. 특히 자신의 감정 처리 과정에 주목하지 않는 교사들은 스스로에게 일어나는 소진 프로세스 자체를 잘 이해하거나 자각하지 못하는 경우가 많습니다.

교사는 학교에서 주로 어떤 감정에 지배받는가?

교사의 소진에 대한 연구가 전에 비해 질병이나 업무 중심으로 많이 증가했습니다. 하지만 소진과 정서적 상처에 대한 실증적인 연구는 아직 부족합니다. 교사와 교사의 노동을 지배하는 감정은 주로 무엇이고 교사의 감정 세계가 실제로 어떻게 구성되는가에 대한 연구가 필요합니다. 교사 소진과 연관된 감정은 무엇인지에 대한 연구 또한 필요합니다.

아침에 출근할 때 여러분의 감정은 주로 어떤가요? 학교 근무 중에 한 시간 간격으로 교사의 감정을 점검하고 체크하도록 하는 연구를 한다면 어떤 결과가 나올까요?

현장 교사들에게 출근 후 어떤 감정을 주로 느끼는지 학교 강의에서 자주 묻곤 합니다. 이 질문은 세 가지 측면에서 통찰력을 제공합니다. 첫째, 구체적으로 자신의 하루를 돌아보는 시간을 가지면서, 그 시간들의 감정을 찾아보는 경험을 할 수 있습니다. 둘째, 자신의 감정들이 어떻게 쌓여 가고 있는지 알 수 있습니다. 많은 시간 분노와 짜증을 쌓으며 지내고 있다는 것을 깨달은 선생님은 자신이 집에 돌아가서 왜 그렇게 쉽게 화를 내는지 알게 되었다고 합니다. 근무 후에 쏟아지는 피로를 이해할 수 있게 되었다는 분도 계셨습니다. 셋째, 전반적인 자신의 상태를 이해하고 감정의 동향과 흐름을 알아채고 분위기를 바꾸어 보려는 시도를 할 수 있는 계기가 됩니다. 자신의 누적된 감정 상태와 감정의 동향을 알게 되고, 그래서 변화의 시작을 마련할 수 있는 계기가 되는 것입니다.

교사 감정에 대한 실증적 연구들을 조사해 보니, 교사들의 근무 중 감정 상태는 부정적 감정이 더 크다는 연구들이 많았습니다. 교사의 하루를 지배하는 감정 중 분노는 매우 중요한 감정으로 거론되고 있었고, 짜증, 무기력도 교사가 매우 자주 경험하는 부정적 감정입니다. 아이들의 공격성에 대한 연구는 풍부하지만 교사들의 공격성과 분노에 대한 연구는 상대적으로 빈약하고 부족합니다.

교사들이 경험하는 부정적 감정과 그 영향에 대한 연구가 절실히 필요한 상태입니다. 부정적 경험의 반복과 누적, 그리고 이를 해소하는 일의 반복적인 실패는 우울과 소진으로 연결됩니다. 이는 교사들의 직업적 상처와 조기 퇴직과도 관련이 높을 것입니다.

교사의 감정적 소진이 더 많아진 이유

교사들이 감정적 에너지가 더 많이 드는 이유는 학교를 찾아오는 아이들과도 깊은 관련이 있습니다. 정서적으로 불안정한 아이들, 가정에서 트라우마를 받고 학교에 등교하는 아이들의 비율이 늘고 있는 상황은 교사의 감정적 에너지를 더 필요로 합니다.

교사는 준비된 수업을 하려고 하지만, 아이들 중 상당수는 학업 준비가 되어 있지 않습니다. 자신의 감정을 가정에서 해결하지 못하고 어제의 감정을 더 가열시켜서 온 아이들도 있고, 형제도 없고 말할 대상이 없어서 갈등이나 문제를 해결하지 못한 채로 다시 등교한 아이들도 많습니다.

그러다 보니 감정적으로 준비되지 않은 아이들에게 감정적 돌봄을 제공해야 하는 어려움이 증가했습니다. 또 이 아이들의 가정 사정이나 부모들과의 관계에 대한 대화를 나누다 보면 아이의 어려움에 감정 이입이 일어나고 이는 교사의 감정 에너지를 상당히 사용하게 합니다. 이 상태가 더 깊어지면, 아이에 대한 동일시가 커지고 함께 힘들어지고 자기 조절이 어려워질 수도 있습니다. 그러면 이차 외상 혹은 대리 외상이라고 부르는 상태에 이를 수도 있습니다.

또한 교사는 감정적 돌봄과 함께 다양한 연계와 지원을 하려고 노력하고 헌신적으로 아이를 돌보지만 성과가 쉽게 나지 않습니다. 그리고 이런 교사의 노력이 늘 응원과 격려를 받는 것은 아닙니다. 게

다가 힘든 아이들을 돕는 법이 어렵고, 지역 사회의 자원을 활용하는 것에 미숙하고, 때로는 너무 순수하게 생각했다가 나중에 배신감을 느끼게 되는 등의 일은 교사의 감정적 에너지를 크게 소모시킵니다. 기대와 다른 결과, 성과 없는 도움의 경험은 교사의 감정적 소진을 증폭시킵니다.

감정적 돌봄의 요구 증가, 대리 외상, 효과적인 도움의 어려움 등의 요인은 교사의 소진을 촉진시키는 데 중요하게 작용합니다.

독일 교사들의
번아웃은 어떤가요?

요아힘 바우어는 자신의 책 『왜 우리는 행복을 일에서 찾고, 일을 하며 병들 어갈까』에서 독일 교사들의 번아웃에 대해 다음과 같이 설명했습니다.

−독일에서 학교 교사, 대형 병원이나 일반 병원의 의사를 포함한 연구 및 교육직 종사자들도 업무로 인한 스트레스성 질환을 겪고 있는 것으로 나 타났다.

−독일에서 집단 따돌림이 높은 집단은 사무직, 사회봉사직, 의료 보건직, 교사직 등이다.

−퇴근을 하고도 정신적 소진으로 인하여 무기력 상태에 빠져 있는 사람들 을 직업별로 보면 일반의, 학교 교사, 사회사업 종사자, 보육 교사, 간병인 이다.

−현대 노동자들의 가장 큰 스트레스 1위는 멀티태스킹이다. 그리고 업무 압박, 성과 압박, 업무의 파편화, 적은 권한, 과도한 업무 요구 등이 문제

이다.

-이들의 휴직 진단명은 1위 호흡기 질환, 2위 근골격계 질환, 3위 위장 질환, 4위 사고 및 상해, 5위 우울증 등의 정신 질환이다. 지난 20년간 정신 질환으로 인한 휴직은 2배로 늘어났다.

-휴직을 초래하는 정신 질환은 우울증이 가장 많다.

2
직무
소진이란
무엇인가?

교사 감정 노동의 시대

교육을 '소비' 혹은 '생산과 수요'의 프레임으로 바라보는 시각은 이미 많은 학자들에 의해 비판받아 왔습니다. 그렇지만 여전히 '교육 수요자이자 소비자인 학부모와 학생에게 맞춰 만족도 높고 성과가 분명한 교육을 실현'하라거나, '학교의 가장 중요한 서비스는 민원 해결이고 교장이나 교사는 학생과 학부모의 불편이 최소화되도록 해야 한다'는 관점을 종종 보게 됩니다. 교육과 학교의 이념을 수요와 공급, 서비스로 인식하는 사람들은 교사에게 고객 만족과 민원 해결을 위한 감정 노동을 필연적으로 요구합니다.

미국의 사회학자 앨리 혹실드는 1983년 비행기 승무원과 연체금 수납 직원을 대상으로 한 연구에서, 개인감정의 상업화를 통해 발생하는 감정 노동이라는 개념을 창안했습니다. 모든 직장에서는 감정 표현 규칙(emotional display rules)이 있고, 노동자는 이를 따르도록 요구받으며, 이들은 직장에서 표면적 연기(surficial acting) 또는 심층적 연기(deep acting)를 하면서 지낸다고 합니다. 감정 노동의 부작용이라 할 수 있는 '감정 부조화'는 감정 노동 과정에서 생겨나는 자신의 내적 감정과 조직에서 감정 표현 규칙을 통해 요구된 감정이 상충할 경우 겪는 불편과 갈등을 말합니다. 감정 부조화의 경험은 또한 이중성, 위선(비진정성)의 느낌을 동반하여 자신이 자발적이 아니라 억지로 일하고 있다는 자기 비하감이나 냉소적인 태도를 갖게 합니다.

교사들도 비슷한 감정을 자주 경험합니다. 학교라는 조직의 요구로 특정한 감정 표현 방식을 따라야만 하는 일이 자주 있으면 선생님들은 더 빠르게 소진을 경험합니다. 감정 부조화로 인한 업무 부담은 소진을 재촉할 뿐 아니라 조직에 대한 충성심을 낮춰 전근이나 이직을 염원하게 만들기도 합니다.

특히 교사들이 동료 교사들에게 특별히 요구하는 감정적 태도 혹은 감정적 완벽함, 즉 교사라는 집단에게 요청하는 감정 표현의 규칙 때문에 더욱 어려움을 겪습니다. 사람들은 실제로 이런 말을 흔히 합니다.

"교사가 그러면 쓰나."

"교사가 아이들을 생각해서라도 그럴 수 없는데…."

교사라는 직업에 대한 지나치게 높은 기대와 함께, 교사들의 참여 태도나 평가에서 요구받는 감정 표현 규칙에 교사가 동조하기 어려운 경우가 많습니다. 온갖 응대 매뉴얼의 범람 속에서 교사들의 감정 노동의 범위는 확대되고 감정 부조화의 경험이 증가하는 것이 아닌가 하는 우려가 커지고 있습니다.

직무 소진, 번아웃의 역사와 이론

교육 당국은 교사들이 어려움을 호소할 때 번아웃(burn-out)보다는 우울증으로 판단하는 것을 더 선호한다고 합니다. 번아웃은 교사의 직무와 직접 관련이 있지만, 우울증은 다양한 개인적 요인이 있을 수 있기 때문입니다. 그래서 번아웃은 조직에서 환영받지 못하는 개념이기도 합니다. 우리나라는 과로로 인한 번아웃에 대해 여전히 기준이 모호하고, 번아웃에 이르는 과정을 예방하는 장치는 거의 없습니다. 최근에는 과로사가 '과로 자살'이라는 개념으로 확대되어 사용되고 있습니다. 일을 너무 많이 하는 것은 일을 많이 해내기를 요구하는 하는 압박, 스트레스, 갑질과 관련된 경우가 더 많다고 합니다. 번아웃 즉 과로를 포함한 탈진 상태에 대한 개념을 좀 더 정교하게 확립하는 것도 중요한 과제입니다. 번아웃에 대한 연구를 좀 더 깊이 들여다보겠습니다.

사회 심리학의 선구자이자, 집단 심리학, 장(field) 이론가로 알려진 쿠르트 레빈은 1920년대 베를린대학에서 직장인들의 심리를 연구했습니다. 그 과정에서 그는 더 이상 일에서 기쁨을 찾을 수 없다는 그룹, 즉 '일 기쁨 포만 상태'를 느끼는 그룹을 발견했습니다. 이 그룹은 게으름, 피로감, 우울과는 다른 상태를 보였고 노동 그 자체, 혹은 노동의 보상조차도 이들에게 기쁨을 주지 못했습니다. 일을 많이 해 왔고, 일에서 생산성이 떨어지기 시작했으며, 일을 혐오하는 상태에 빠져 있는 그들은 더 이상 일을 할 수 없다고 호소했습니다. 그들은 늘 제자리인 듯한 느낌을 받으며, 자신의 노동에 대해 전과 다르게 반감을 표현하기도 했습니다. 하지만 동시에 그 일을 마치고 싶어 하는 마음도 있었습니다. 레빈은 이 그룹이 우울증이나 단순한 스트레스 그룹과 다른 '번아웃 그룹'이라고 제시했습니다.

헤르베르트 프로이덴베르거는 미국 심리학자로 '번아웃'이라는 용어를 최초로 사용하였고, 번아웃을 사회적 이슈로 만든 학자입니다. 그는 번아웃이 어떻게 생기는지, 어떤 사람에게 잘 생기는지 등을 연구하여 번아웃을 실제로 해결할 수 있도록 앞길을 개척했습니다. 프로이덴베르거는 프리클리닉이라는 자선형 응급 구조차에서 환자를 진료하는 의료진에게 일어나는 심리적 변화를 관찰했고, 일이 지겨워지고 일을 제대로 해내지 못하는 사람들의 특징을 발견하고 이를 이론화하여 책으로 출간하기도 했습니다.

프로이덴베르거는 번아웃은 첫 번째로 활력 상실과 에너지 고갈, 두 번째로 업무와 대상자에 대한 반감 증가, 세 번째로 업무 효율성 상실의 순서로 일어난다고 했습니다. 그리고 번아웃은 업무 처리에 헌신하고 전념하는 사람들, 자신의 일에 확신을 가지고 자발적이고 열정적으로 임하는 사람들에게 더 자주 발생하고, 업무가 지루하고 단조로우며 일상적일 경우에 더 쉽게 발생한다고 했습니다.

프로이덴베르거의 이론을 보면서, 제가 아는 열정적인 선생님들의 주기적인 번아웃 현상을 조금 이해할 수 있었습니다. 높은 기준,

잘해야 한다는 부담, 그렇지만 상황과 조건이 만들어지지 않아 본인의 기대보다는 낮은 수준의 결과에 머물러야 하는 반복적인 경험이 열정적인 교사들에게 번아웃을 안기곤 했던 것 같습니다.

이후 미국의 심리학자 크리스티나 매슬랙은 번아웃의 개념을 명확하게 하고 번아웃의 척도지를 개발하여 객관적이고 대중적으로 번아웃을 측정할 수 있게 했습니다. 현재 사용하는 번아웃에 대한 여러 척도는 매슬랙의 것을 기반으로 분화했다고 보아도 과언이 아닙니다.

더불어 그는 현대 사회에서 서비스 산업이 늘어나면서 번아웃이 더 많이 생길 수밖에 없다고 지적했습니다. 사람을 상대로 하는 일에 종사하는 사람들(간호사, 사회 복지사, 교사, 의사 등)에게 번아웃 위험이 더 높다고 했습니다. 또한 업무 환경의 중요성을 강조하면서, 단지 업무량뿐만 아니라 권한, 보상, 조직 등의 요소가 함께 작용한다는 것을 지적했습니다.

또한 매슬랙은 번아웃의 공통되는 세 가지 특징을 짚었는데 첫째 육체적 정서적 고갈, 둘째 비인격화(심리적 이탈), 냉소주의와 반감, 셋째 일에 대한 효율감 감소, 자기 효능감 감소입니다.

교사들의 번아웃도 마찬가지로 이 세 가지 요소가 모두 나타나는 경우가 많습니다. 몸과 마음이 힘들고 방전되고, 업무에 대한 반감과 의미 없음을 느끼고, 자신의 삶이나 생활에서 능률이나 조절의 효과가 떨어졌다는 느낌이 드는 경우가 많습니다.

번아웃의 개념은 직무 스트레스, 직무 생산성과 연관되어 번아웃에 작용하는 변인들과 함께 새로운 모델들로 더 발전하고 있습니다.

직무 소진의 이론적 모델

매슬랙의 번아웃 이론 등에 기초하여 현재 소진을 설명하는 중다변인적 모델은 크게 세 가지입니다. 특히 현재의 모델들은 매슬랙의 번아웃 요소에서 핵심적인 두 가지, 육체적·정서적 고갈과 심리적 이탈, 두 측면을 강조하고 있습니다.

첫 번째는 직무 요구-통제 모델(job demand control model)입니다. 이 모델은 스웨덴 스톡홀름 카롤린스카대학병원 의사 토레스 테오렐과 미국 매사추세츠대학 사회학자인 로버트 카라섹이 개발했지만 주로 카라섹의 이름으로 소개되고 있습니다. 가장 많이 인용되는 이 모델에서는 업무의 많고 적음과 권한(통제)의 많고 적음에 따라 네 가지 유형이 존재합니다.

1. 직무 요구 수준 낮음, 업무 자율성 낮음.
   : 창의성도 필요 없고, 기회도 없다. 보어아웃 증후군(boreout syndrome, 권태 증후군)에 빠질 위험성이 높다.
2. 직무 요구 수준 높음, 업무 자율성 높음.

: 즐겁게 일할 수 있지만, 자기 관리가 중요하다.

3. 직무 요구 수준 낮음, 업무 자율성 높음.

: 부담감이 없다.

4. 직무 요구 수준 높음, 업무 자율성 낮음.

: 스트레스가 높고 건강에 치명적 영향을 줄 수 있다.

이 중 우리나라 교사들은 네 번째, 즉 직무 요구는 많은데 본인들이 이를 수행하기 위해 통제할 수 있는 권한은 별로 없는 경우입니다. 교사들의 권한이 낮아서 통제할 수 있는 것이 없다고 여기는 교사들은 더 쉽게 소진될 수 있습니다. 실제로 우리나라 교사들은 제가 이해한 바로는 너무 적은 권한을 가지고 있습니다.

카라섹과 테오렐이 유럽 13개국 20만 명에 대해 조사해 본 결과, 전체 노동자 중 15%가 소진 위기 상태였다고 합니다. 사회적 지위가 낮으면 직무 요구는 높은 반면 권한이 부족해서 더 쉽게 소진되었고, 그래서 계약직 노동자들의 소진율이 더 높았다고 합니다. 높은 소진은 우울증으로 발전할 가능성이 더 높고, 신체적으로는 심혈관 질환의 위험도가 2배 이상이었다고 합니다.

두 번째는 직무 요구-자원 모델(job demand resource model)입니다. 이 모델은 네덜란드 에인트호번대학의 에반겔리아 데메루티와 위트레흐트대학의 빌마르 샤우펠리에 의한 모델로, 이 두 학자도 정서적 소진과 직무 이탈감이 번아웃의 핵심 요소라고 생각했습니다.

이 모델은 직무 요구-통제 모델에서 통제 영역을 자원으로 바꾼 것입니다. 소진이나 직무 이탈 상태를 악화시키는 요인들을 해결할 수 있는 자원이 제공되지 않을 때 번아웃이 발생한다는 주장입니다.

정서적 소진을 일으키는 부가 요인으로는 업무 가치의 상실, 혐오 및 냉대 등이 있고, 직무 이탈을 촉진시키는 부가 요인으로는 육체적 피로, 일정 압박, 까다로운 응대, 교대 근무, 작업 환경 등이 있습니다. 하지만 이런 상황에서도 통제와 권한이라는 제한된 자원을 넘어서서 인정과 보상, 자율성, 팀워크, 고용 안정성, 상사의 피드백 및 지원 등 다양한 자원이 직무 자원으로 역할을 하면 소진이 줄어들 수 있습니다. 이 이론은 직무 요구-통제 모델에서 통제 영역을 더 확장한 것이어서 '확장된 직무 요구-통제 모델'이라고 부르기도 합니다. 당연한 이야기이지만, 이 모델에서 번아웃의 발생은 '높은 직무 요구'와 '낮은 직무 자원' 상태에서 발생합니다.

데메루티와 샤우펠리는 미국과 유럽에서 다양한 연구를 했는데, 조사 대상 중 20% 내외의 근무자들이 번아웃이었습니다. 개원의, 간호사의 번아웃이 높았고, 번아웃으로 인한 휴직자는 사회 활동가와 요양 시설 종사자가 가장 많았습니다. 또 콜센터 상담원, 사회복지사, 간병인, 보육사 등이 번아웃 비율이 높았으며 교사는 10위를 차지했습니다.

모든 모델에서 번아웃이 오면 우울증이 생기거나 악화되고, 심장 질환 또한 악화되었습니다. 특히 남성들에게 심장 질환 악화가 더 많다고 보고되었습니다. 또한 번아웃 경험자들은 조기 은퇴를 더 많이 했고 사망률도 높았습니다. 직무 스트레스는 번아웃 증후군이 될 가능성이 높고, 번아웃 증후군은 우울증이 될 가능성이 높습니다. 이런 여러 자료들을 검토했을 때 교사는 번아웃의 가능성이 매우 높은 직업입니다.

한국 교사들의
번아웃은 어떤가요?

한국교육개발원은 2017년 「교사 직무 스트레스 실태 분석 및 해소 방안 지원 연구」 보고서를 내놓았습니다. 아래는 보고서의 연구 내용과 제안 사항입니다.

첫째, 교사 직무 스트레스를 분석한 결과, 직무 요구로 인한 스트레스가 가장 높았으며 직무 자율, 보상 부적절, 조직 체계, 직장 문화, 관계 갈등으로 인한 스트레스 순으로 경험하는 것으로 나타났다.

둘째, 교사 소진 실태를 분석한 결과, 정서적 고갈은 보통 수준인 반면에 비인간화와 성취감 결여는 평균 이하로 나타나서 두 영역에서의 소진이 더 큰 것으로 나타났다.

셋째, 교사의 직무에 대한 열의가 어떠한지 분석한 결과, 활력, 헌신, 몰두 모두 보통 이상인 것으로 나타났다.

넷째, 교사 직무 스트레스에 영향을 미치는 요인을 탐색한 결과, 직무 요구로 인한 스트레스는 교직 경력과 관련이 있고, 직무 자율로 인한 스트레스는 보직 여부와 관련이 있는 것으로 나타났다. 관계 갈등으로 인한 스트레스는 학교급, 즉 초중고에 따라 다르게 나타났고, 직무 불안정으로 인한 스트레스는 고용 형태, 조직 체계 및 보상 부적절과 관련이 있고, 직장 문화로 인한 스트레스 또한 학교급이 가장 크게 영향을 미치는 것으로 나타났다.

다섯째, 교사 소진에 영향을 미치는 요인을 탐색한 결과, 정서적 고갈은 직무 요구로 인한 스트레스가 가장 영향력이 큰 것으로 나타났으며, 비인간화는 감정 표현 규칙을 지켜야 하는 정서 노동, 성취감 결여는 교사 효능감인 자신감이 가장 영향력이 큰 것으로 나타났다.

여섯째, 교사 직무 열의에 영향을 미치는 요인을 탐색한 결과, 활력에는 보상 부적절로 인한 스트레스가 가장 영향력이 있으며, 헌신과 몰두에는 정서 활용 능력이 가장 영향력이 큰 것으로 나타났다.

일곱째, 교사 소진을 해소하기 위해서는 직무 요구로 인한 스트레스를 감소시키고, 교사가 학교에서 본인의 정서를 심층적으로 조절할 수 있도록 지원하는 한편, 자신감 등 교사 효능감을 유지할 수 있는 지원 방안이 모색될 필요가 있다고 나타났다.

여덟째, 교사 직무 열의를 지원하기 위한 방안으로, 내적 동기 및 전문성 개발 기회를 보장하여 보상 부적절로 인한 스트레스를 감소시키는 한편, 교직 및 직무 환경과 상호 작용 시 교사 스스로 정서를 활용하여 동기 부여를 할 수 있도록 정서적 역량을 강화하기 위한 구체적인 지원 방안이 모색될 필요가 있다.

보고서에서는 교사들의 스트레스를 해소하고 교사들을 지원하는 네 가지 방안을 제안합니다.

첫째, 교사의 정서 역량 계발에 대한 정책 개발 및 지원이 필요하다. 기존의 교사 전문성 향상 및 교육 활동 전념 여건 형성 등의 정책에서는 교사의 정서적 역량에 대한 지원에 한계가 있다. 본 연구에서 교사의 정서 역량(정서 조절 및 정서 활용 등)은 교사의 직무 스트레스로 인한 소진을 낮추고 직무 열의를 높이는 데 영향을 미치는 것으로 밝혀졌다. 이에 교사의 전문성 및 역량 강화를 위한 연수 프로그램은 물론 교원 양성 과정에서 교사에게 필요한 정서적 역량을 강화하기 위한 지원책이 마련될 필요가 있다.

둘째, 교사의 내적 동기 부여를 위한 교사 학습 공동체 활동의 강화가 필요하다. 교사에 대한 존중 및 전문성 개발 기회 등과 관련한 부적절한 보상이 교사 소진과 직무 열의에 중요한 영향을 미치는 것으로 밝혀졌다. 즉, 교직 환경의 변화와 새로운 정책 시행에 따른 직무 변화에 대한 교사의 내적 동기 부여가 필요하며, 새로운 역량 개발 및 발휘 기회 또한 필요하다. 이에 교사 전문성 개발을 위한 교사 학습 공동체가 학교의 규범과 문화로 정착될 수 있도록 지원될 필요가 있다.

셋째, 관료적인 학교 문화의 변화를 위한 학교장의 리더십이 필요하다. 위계적, 관료적인 학교 조직 문화 및 고립적인 교직 문화가 교사의 직무 스트레스 및 소진에 주는 영향력이 적지 않다. 이러한 관료적인 학교 조직 문화와 고립적인 교직 문화는 교사 개인이 교직 환경 변화에 대응하기 어렵게 하고 이로써 직무 스트레스 및 소진에 취약해진다. 이에 관료적인 학교 조직 문화를 점진적으로 변화시키기 위한 학교장의 리더십이 발휘될 수 있도록 지원이 필요하다.

넷째, 교사가 정책의 수단이 아닌 정책 형성 과정의 적극적인 참여자가 될 필요가 있다. 교사의 직무 스트레스 및 소진은 상당 부분 정책 피로, 개혁 피로로 인한 것으로 교사 참여적인 정책 형성 과정에 대한 대책이 필요하다.

3

과도한
업무에 파묻혀
고갈된 교사들

일 속에 던져진 교사

"아침 출근 직후부터 정신이 없습니다. 조용히 아침을 시작할 수 있는 날은 없습니다. 아침은 흔히 아이들의 고함이나 제 고함으로 시작됩니다. 그것을 비명이라고 하고 싶지는 않습니다. 아침부터 급격하게 피로감이 몰려옵니다.

저는 지금도 일이 많고, 누구보다 헌신적으로 일을 많이 해 왔고 현재도 많이 하고 있습니다. 집으로 돌아가서 집안일을 하지 못할 정도로 혼을 다해, 요즘 유행하는 말로 '영혼을 갈아 넣고' 있습니다. 이번 학기도 이전 어떤 학기보다 열심히 준비해서 더 멋지게 하려고 했지만 결과는 별로입니다. 모두 실패한 기분이라고 할까요. 아직도 학급에서 변화가 없다는 낭패감이 저를 지배하는 가장 큰 느낌입니다. 왜 변화가 없을까요?

숱한 연수를 받고 준비하고 실행했지만 이를 방해하는 아이들, 이해하지 못하는 학부모들과 동료들, 헌신적인 교사를 인정해 주지 않는 관리자들 틈에서 지치기만 합니다.

수많은 업무 더미 속에서 이렇게 무의미한 많은 일을 해야만 하나 하고 자문을 하다 보면 더 화만 납니다. 그리고 이제는 무기력해져서 어찌할 바를 모르겠습니다. 저는 오직 열심히 했을 뿐인데, 왜 저 자신이 이런 결과에 처했는지 모르겠습니다. 그리고 이제는 완전히 지치고 아무것도 할 수가 없습니다. 피로한 것이 아닙니다. 소진된 것이긴 한데, 이것을 말로는 다 전하기 어렵습니다. 진이 빠졌다고 해야 할까요? 이런 상태의 저를 어떻게 해야 할까요?"

이 편지를 받고, 제가 만나는 많은 선생님들 중에 열심히 일하는 선생님들 몇 분이 머리를 스쳐 갔습니다. 그 선생님들 중에 한 분이 저에게 이런 이야기를 해 주셨습니다.

"열심히 그리고 더욱 열심히 일하는 일부 선생님들의 변화는 이런 식이에요. 특히 잘하고 싶어 하는 선생님들이 더 그래요. 열심히 일한다, 더 열심히 한다, 더 더 나를 바꾸어서라도 열심히 일한다, 더 더 더 열심히 한다, 하라는 것 다 하고, 또 더 한다, 접해 보지 않은 연수가 거의 없을 정도로 연수도 열심히 듣는다, 병이 날 정도로, 집안에 문제가 생길 정도로 열심히 한다, 그러나 끝내 좌절하고 여러 원망이 쌓인다, 냉소적으로 변한다. 이렇게 끝나는 경우를 많이 보아 왔지요."

그야말로 고군분투하는 일중독의 삶을 살아가고 있던 분들의 이야기입니다. 이렇게 되는 이유는 무엇일까요?

제가 만난 다수의 초등 교사들의 소진 원인은 일단 과다한 업무와 과다한 학생 수였습니다. 2019년 자료에 따르면, 우리나라 교사의 행정 업무 시간은 주당 5.4시간으로 OECD 평균인 2.7시간의 두 배이고, 수업 준비 시간도 OECD 평균보다 높았습니다. 더불어 2019년 발표된 자료에 따르면 학급당 학생 수도 초등학교 23명, 중학교 27명으로 OECD 평균보다 초등 학교는 평균 2명, 중학교는 평균 5명이 더 많은 상태입니다. 현재 교사들이 하는 업무를 재배치하고 학급당 학생 수를 20명 이하로 낮추는 것이 필요합니다. 아이들을 제대로 보기 위해서는 그렇다는 것이지요.

민원 또한 선생님들의 사기와 의욕, 업무 능력을 저하시키는 큰 요인이었습니다. 이렇게 열심히 하고 있는 중에 발생하는 민원은 일부 선생님들에게 큰 충격을 줍니다. 민원은 때로 배신감이라는 다루기 어려운 정서를 안깁니다. 교사는 그 배신감을 처리하기 위하여 상당한 에너지를 소모합니다. 이에 대한 특별한 해결 방안을 여전히 교사들은 잘 모르고 있는 것 같습니다. 그런 이유로 찾아온 선생님들의 상태는 엉망이었습니다. 외상 후 스트레스 혹은 외상 후 울분 상태인 경우도 종종 있었고, 더 이상 에너지도 없고 생기도 없는, 그야말로 무기력하고 바닥에 곤두박질쳐진 상태였습니다.

더 이상 무엇을 해야 할지 모르겠다

선생님들이 오셔서 하는 말씀 중 하나가 "이제 더 이상 무엇을 해야 하는지 모르겠습니다."입니다. 이는 미국의 교육 운동가이자 영성 지도자인 파커 파머가 이야기한 소진의 상태를 생각하게 합니다.

파커 파머는 『삶이 내게 말을 걸어올 때』에서 젊은 시절 우울증과 소진을 반복해서 경험했음을 고백합니다. 그는 자신에게 소진이 왔던 때를 기억하면서 고갈을 느낄 때 소진이 온다고 했습니다. 우리 자신이 스스로 내적으로 충만하지 않은 상태에서 내 안에 없는 것을 누군가에게 주려고 할 때 소진이 일어나고, 소진은 자칫 거짓과 연결될 수도 있다고 했습니다. 좋은 일을 할 때조차도 자신에게 채워진 것이 있는가를 물어야 한다고 했던 파커 파머는, 교사는 주는 일을 많이 하기에 더 쉽게 비어 있는 상태에 처할 수 있다고 했습니다. 그래서 많이 주는 교사는 많이 채워야 하는데, 주는 일은 바삐 하고 채우는 일을 더디 하면 소진은 필연적으로 올 수밖에 없다고 했습니다. 또한 파커 파머는 교사가 고갈되어 교사의 내부에 있는, 자신의 것이 아닌 다른 것을 남에게 줄 때는 왜곡이 일어난다고 했습니다. 이런 일은 자신을 채우지 않으면서 힘들게 지낼 때 "그저 주기만 하면 되는 일 아닌가?" 하는 변명과 함께 시작된다고 합니다.

선생님들은 어떻게 자신을 채우고 있나요? 그리고 어떻게 주고 있나요? 주는 것만이 능사가 아닙니다. 아이들에게 열심히 모든 것을 주었다가 자신은 미처 채우지 못하면 아이들은 또 오랫동안 제대로 받지 못합니다. 그러므로 교사들은 주는 일과 채우는 일을 균형 있게 해야 합니다. 또한 주는 만큼 채울 시간을 확보해야 합니다.

피로 그 이상, 다 타 버린 교사

상담에 온 선생님들이 진료실에서 자신의 마음을 꺼내 놓습니다. 그 마음은 상처투성이에다가 부서지고 일부는 타서 재가 되어 있습니다. 다 타 버린 마음, 그래서 더 이상 무언가를 쥐어짜 내도 더 나올 것이 없는 상태, 말라 버린 상태, 여윌 대로 여윈 상태의 마음들을 만나게 됩니다. 이 마음들을 치유하려면 아주 많은 시간과 재충전 작업이 필요합니다.

프랑스 철학자 질 들뢰즈는 이런 상태를 피로를 넘어선 상태, 소진된 상태라고 했습니다. 들뢰즈는 그의 책 『소진된 인간』에서 피로한 인간과 소진된 인간은 다르다고 했는데, 소진된 인간은 가능성이 없는 상태라고 했습니다. 어떤 이가 그토록 소진된 것은, 극작가 사뮈엘 베케트의 글처럼 "최악을 향해" 계속 쉼 없이 달려왔기 때문입니다. 「최악을 향하여」라는 사뮈엘 베케트의 글은 "다시 한번 시도하기, 다시 한번 망쳐 버리기, 다시 한번 더 망쳐 버리기"를 다루고 있습니다.

들뢰즈는 소진된 인간의 상태를 모든 '가능성'을 소진한 상태로 보기도 했습니다. 그는 피로한 인간은 그나마 가능성이 있으나 소진된 인간은 더 이상 가능성이 없는 상태라고 해석했습니다. 들뢰즈가 말한 것처럼, 선생님들이 저에게 와서 마치 질병 말기 환자인 것처럼 "이제 더 가능성은 없는 것 같아요."라며 진단서 이야기를 꺼내기 시작할 때, 정말 이들의 마음이 다 탔구나 하는 생각이 듭니다.

들뢰즈는 소진에 관한 또 다른 언급으로 소진은 에너지의 '탕진'이라고 했습니다. 아주 속상한 표현인데 우리가 소진되었을 때의 상태가 에너지를 잘못 관리하거나 혹은 바르게 쓰지 못해서 생긴 일일 수 있다는 뜻입니다. "내 안의 에너지를 내가 다 날려 버리고 탕진했다. 그래서 그 결과로 소진이 찾아온 것이다."라고 이야기하고 있습니다. 우리는 우리 삶의 에너지를 어떻게 사용하고 있나요? 탕진하지 않고 현명하게 사용하고 있나요? 에너지를 엉뚱한 곳에 쓰고, 자신의 삶을 낭비하는 상태가 소진이라고 하면 참 가슴이 쓰라린 것 같습니다.

"우리 반은 왜 달라지지 않지요?"
지친 선생님을 돕는 방법

한 교사 연수 모임에서 어떤 선생님이 "우리 반은 달라지지 않는다."라며 유난히 힘들어하셨습니다. 모임에 참가한 선생님들과 함께 토론하며, 어떻게 하면 그 선생님의 지친 마음을 도울 수 있을지 이야기를 나누어 보았습니다.

1. 옆 반 선생님에게 물어보도록 하기

내가 내 자식을 잘 모르듯이 내가 내 반 상태를 모를 때가 있습니다. 옆 반 선생님에게 물어보세요. 그러면 객관적인 답을 들을 수 있을 것입니다.

2. 기준을 물어보기

이러한 선생님들의 기준은 아주 높습니다. 본인이 일했을 때의 최고를 기준으로 삼습니다. 본인이 일했을 때의 평균치 정도로 기준을 낮추고, 해낸 일을 다시 점검해 보세요.

3. 좋은 변화를 우선 보게 하기

완벽주의 성향의 선생님들은 다 변화하지 않으면 변화가 없다고 생각하는 경향이 있습니다. 좋은 변화를 우선 보고 '모든 것이 변하지 않으면 하나도 변한 것이 아니다.'라는 그 방침을 바꾸어야 합니다. 안 그러면 피곤하게 살 뿐입니다 .

4
의미도 돌봄도
찾지 못하는
교사들

나는 정글 속에 던져진 교사다

"교실에 하루도 싸움이 없는 날이 없어요. 남학생들끼리 싸우고, 여학생들끼리 싸우고, 남학생 여학생 간에 싸우고, 팬클럽 아이들 사이에 갈등이 생기고, 사귀다 헤어져서 싸우고, 다른 애랑 사귄다고 난리고, 무시했다고 가만두지 않겠다고 하고, 헛소문이 퍼졌다고 울고…. 교실이 진짜 무슨 정글 같아요.

아이들을 이해하기가 너무 어려워요. 아이들 사이의 갈등과 싸움, 관심사, 그리고 감정 호소와 변덕 속에서 무엇을 해야 하는지 헷갈려요. 아이들 사이의 관계를 풀어 주려고 노력하다 보면 거의 친구

> **❝** 나의 본성을 거스르는 것을 나타내는 징후는
>
> 소진이라고 하는 상태이다.
>
> 대개는 너무 많은 것을 준 것으로부터 소진이 온다. 하지만
>
> 내 경험상 소진은 내가 갖지 않은 것을 주려고 할 때 나오는 결과이다.
>
> 소진은 분명 공허함이지만 내가 가진 것을 주는 데서 오는 결과가
>
> 아니다. 오직 내 안에서 자라지 않는 어떤 것을 주려고 할 때,
>
> 그 행위는 나를 고갈시키며 다른 사람에게도 해가 된다.
>
> 강요되고 기계적이며 실체가 없는 선물은 해악만 불러온다. **❞**
>
> _파커 파머

가 되어 버리고, 아이들을 엄격하게 다루려고 하지만 거의 불가능해요.

부당한 요구도 너무 많이 받아요. 지난번 언젠가는 한 학부모가 자기 자녀가 누구랑 사귀지 않게 지도해 달라고 해서, 그걸 제가 어떻게 막느냐고 했다가 욕을 바가지로 먹었어요. 또 다른 학부모는 아이들 학원 시간 늦지 않게 종례를 빨리 끝내 달라고 해서, 기가 막혀서 뭐라고 했다가 학교로 민원 전화 오고 사과하고 난리가 났었어요. 애들도 그렇고 학부모도 그렇고 날 뜯어먹기 위해 존재한다는 느낌이 들어요. 수업에 집중할 수가 없어요. 이런 삶을 앞으로 어떻게 10년 이상 하지, 하는 생각이 들면 눈앞이 깜깜해요. 좋은 교사가

되겠다는 생각은 사치고 그냥 살아남아야겠다, 하는 생각이 현실이에요. 견디지 못할 것 같기도 해요. 신입부터 지금까지 이런 이야기를 나눌 마땅한 사람도 없어요. 그야말로 정글에 내던져지는 거예요. 알아서 살아남으라고.

교사가 개인주의가 강하다고 하는데 제가 보기에 그건 그냥 결과인 것 같아요. 개인주의가 강해지도록 만드는 거죠. 무슨 일이 생기면 담임 혼자 책임져야 하잖아요. 그 선배 교사들도 거의 꼰대지요. 잔소리나 하지, 미리 알아서 챙겨 주는 선배도 별로 없어요. 담임이란 자리는 상담사에다가 무슨, 생활 지도사에다가, 수업하는 교사에다가, 학부모 관리도 해야 하는 서비스 요원이었다가, 또 나중에 책임은 다 져야 하는 엄청난 자리예요. 남 탓 해 봤자 아무 소용없으니 그냥 제 탓해요. 아직 내가 모자라서 그렇다, 부족해서 그렇다, 선생은 그냥 공짜로 하는 게 아니다, 방학 때 연수를 더 받든지 아니면 대학원이라도 다녀 보자, 아니면 모임에라도 나가 보자.

하지만 그러기에는 너무 지치고 힘들어요. 지금 제일 바라는 것은 병가라도 받아서 어디론가 훌쩍 떠나는 거예요."

젊은 중학교 선생님의 긴 독백은 끝이 없을 것 같았습니다. 힘들고, 생각과 다르고, 도와주는 사람이 없고, 의미를 발견하는 것도 갈수록 어려워진다는 이 호소에는 눈물도 절반쯤 섞여 있었습니다. 하소연할 사람도 없어 오랫동안 공연된 적 없는 독백이었습니다. 어느 교육 장소에서 우연히 시작한 이야기가 끝도 없이 흘러나왔습니다. 함께한 청중들도 묵묵히 수용하며 잘 품어 안아 주셨습니다. 함께 가슴으로 울어 주고 같이 해 주는 따뜻한 자리가 되었습니다. 맞습니다. 참 어려운 자리인 것 같습니다. 작금의 학교에서 담임이라는 자리는 예전과는 다른 자리임에 틀림없습니다.

돌보는 사람의 마음과 돌보는 사람의 자기 돌봄

그 중학교 선생님은 그래서 병가를 내고 학교를 잠시 떠나기로 하셨을까요? 그 선생님은 그래도 자신이 돌보지 않으면 안 될 아이들이 있어서, 끝까지 아이들을 맡고 추후에 다른 길을 찾아보겠다고 하셨습니다. 마치 자신이 아이들을 버리는 것 같은 느낌이 들면 더 힘들 것 같다고 하셨습니다.

어떤 선생님은 그 선생님에게 휴식이 꼭 필요하다고 권고해 주셨습니다. 선배 교사와의 멘토링을 주선해 주시겠다는 분도 계셨습니다. 어떤 분은 교사로서의 삶의 경계에 대해 말씀해 주셨습니다. 모두 마음을 다해 조언을 했지만 이 신참에 가까운 선생님의 마음이 딜레마로 가득하다는 것을 우리 모두가 알 수 있었습니다. 장미를 꺾으려면 장미 가시를 피할 수 없다는 누군가의 말처럼, 선생님들은 아이를 가르치고 돌보는 과정에서 마음에 가시가 많이 박혔습니다.

이 대목에서, 돌보는 사람의 마음에 대한 토머스 스콥홀트의 말은 여러 번 인용해도 과하지 않습니다.

"우리는 '예'라고 말하면 지치고, '아니오'라고 말하면 죄책감을 느낀다. 주는 것과 받는 것 사이, 타인을 돌보는 것과 자신을 돌보는 것 사이에 끼어 갈등하고 있다."

아마 이 선생님의 마음도 그랬던 것 같습니다. 일단 아이들에 대한 마음의 끈을 놓을 수는 없지만, 그 과정에서 자신이 다치는 것이 두려워 그 사이에서 힘들어하고 있었던 것입니다. 자신을 돌보는 일이 필요하다는 것은 알고 있으나, 행동으로 옮기는 것에 대한 무거운 마음이 있었습니다.

자기를 돌보는 것의 어색함, 두려움, 불편함은 타인을 돌보는 사람들 중 일부에게 전형적으로 나타나기도 합니다. 자신을 돌보는 것이 이기적이거나 자기중심적이라는 도그마에서 자유롭지 못하면 자기 돌봄은 더 부족해집니다.

자기에 대한 돌봄 없이 이 힘든 일에 매달리면서 특별한 소득을 얻지 못하고 가까스로 생활해 나갈 때 소진이 일어납니다. 매슬랙이 말한, 과다한 업무로 인해 정서적으로는 고갈되고 업무에 대해서 자꾸 비인간화되고 개인적 성취로부터는 멀어지는 소진이 발생합니다. 스콥홀트는 이 과정에서 특히 관계에서 새로운 배움을 얻지 못한 채 끝나는 선생님들에게 소진이 더 크고 돌봄이 필요하다고 했습니다.

우리 자신은 간혹 우리를 건전지나 자동차 엔진에 비유해 설명하는데, 돌봄의 소진은 방전, 기름 없음, 멈춤 혹은 식음으로 표현됩니다. 이 상태에서 벗어나기 위해 무언가 충전이 되어야 하는데, 교사들은 과연 어떻게 재충전할 수 있을까요?

이 고생은 어떤 보람을 주는가?

스콥홀트는 소진은 '마음의 출혈'이라고 했습니다. 그러니까 소진된 교사는 지금 피를 흘리고 있는 것이지요. 돌봄이라는 영양소가 제공되지 않아 피를 흘리고 있을 수도 있고, 의미라는 장치가 망가져서 피가 새어 나올 수도 있습니다. 돌봄은 제공받으면 되지만, 의미는 더 근본적입니다. 지금 내가 하고 있는 일에서 의미를 찾지 못할 때 그 일을 하는 사람들은 보통 일을 멈추고 떠나거나 변질된 의미, 즉 그냥 입에 풀칠을 하기 위해 몸을 빌려주는 것에 머무르고 맙니다. 또한 마음은 다른 곳을 찾아 방황합니다. 소외가 일어나는 것이지요. 그렇게 되지 않기 위해 교사들은 의미를 위한 심리적 소득을 얻어야 합니다. 그것은 힘들어도 좋습니다. 의미만 있다면 말입니다. 그런 힘든 과정을 이겨 내고 '상처받은 치유자'가 되는 교사는 주변에 생각보다 많습니다. 교사가 의미를 느끼고 생산하고 공유하는 일은 소진 예방을 위해 아주 중요합니다.

교사가 하는 고생이 주는 보람, 의미 있는 심리적 성장과 소득, 그리고 학생들에게 기여하고 있다는 기쁨이 없다면 교사는 심장이 없는 존재가 됩니다. 스콥홀트는 의미의 소진은 일에 회의감을 불러오고 존재에 대한 도전이 되기 때문에 이 위기를 빨리 점검하고 그 원인을 찾아 제거하는 것이 필요하다고 했습니다.

그 누구도 기쁨이 없는 일을 즐겁게 수행할 수는 없습니다. 소외가 일어나는 노동 속에서 단지 자제력을 발휘하면서 경제적 조건을 위해 존재한다는 것은 어떤 사람들에게는 아주 수치스러운 일입니다. 만일 오직 경제적 목적만으로 지금의 일을 시작했다고 하더라도 사람은 의미를 찾고 부여하고 만들어 가기 마련입니다. 기쁨을 느낄 수 있는 의미의 창조가 어렵다면 사람들은 병이 나거나 저항하기 시작합니다. 그러기에 의미의 소진은 교사들에게 큰 도전이자 마음의 병의 원인이기도 합니다.

자기 돌봄을 위한
열두 가지 문구

1. 나를 홀로 울게 내버려 두지 마라.

2. 당신은 지금 누구를 돌보고 있는가?

3. 나를 가장 아프게 하는 것에 그냥 "예"라고 답하라.

4. "그랬었구나." 그 한마디가 모든 것을 덮어 줄 수도 있다.

5. "얼마나 더 나은 사람이 되려고 하는가."라고 스스로에게 물어라.

_타라 브랙 『자기 돌봄』에서

6. 타인에게 친절을 베풀듯이 자신에게도 친절을 베풀 때 자기에 대한 공감
이 일어난다.

7. 스스로에게 좋은 감정을 느끼기 위해 대단한 사람, 우주의 중심이 되는
사람일 필요는 없다.

8. 내가 아주 힘든 순간, 가장 친한 친구들이 내게 뭐라고 말할지 스스로 질
문해 보라.

9. 삶에 가장 큰 해를 입히는 마음의 습관 중 하나는 우리를 스스로 판단하는 것이다.

_크리스토퍼 거머 『오늘부터 나에게 친절하기로 했다』에서

10. 자신에게 먼저 물어야 할 것은 "얼마나 많은 일을 했는가?" 또는 "얼마나 많은 이들을 돕고 있는가?"가 아니라 "당신의 내면에 평화가 있는가?"이다.

11. "하마터면 하나님을 위해 바쁘게 일하다 하나님을 잃어버릴 뻔했습니다."라고 고백하는 분이 많습니다. 나 자신을 위해 바쁘게 살다가 나 자신을 잃는 일은 흔히 있을 수 있습니다.

_헨리 나우웬 『안식의 여정』에서

12. 당신을 돌봐 줄 누군가를 기다리지 말라.

_무명씨

5

명령과 통제에
상처받는 교사,
도덕 손상

잠자는 숲속에 던져진 교사

고등학교 교사의 상담은 그렇게 많지 않습니다. 간혹 상담이 있더라도 본인 상담보다는 말 안 듣는 자녀에 대한 상담이 더 많은 편입니다. 그런데 긴 경력을 지닌 고등학교 선생님이 상담을 청해 올 때가 종종 있습니다. 그 상담은 다른 어떤 상담보다 아주 힘든 경우가 많았습니다.

"너무 우울해서 살 수가 없어요. 학교에 출근하는 것 자체가 너무 힘들어요. 허무하고 괴롭습니다."

30년 경력의, 50대 중반 선생님이 우울함을 호소하며 찾아오셨습니다. 어느 날 오후, 자신의 수업 시간에 아이들이 거의 모두 자고 있다는 사실이 새삼스럽게 각인되었다고 합니다. 아이들에게 일어나라고 했는데 아무도 일어나지 않아 버럭 소리를 질렀지만 몇 명이 깨어났을 뿐 나머지 아이들은 꿈쩍도 하지 않았습니다. 이 간략한 에피소드로 시작하면서 그 선생님은 자신을 이렇게 소개하고 싶다고 하셨습니다.

"나는 잠자는 숲속의 교사입니다."

이렇게 아이들이 자신의 수업 시간에 자기 시작한 것은 아마 20년은 된 것 같다고 하셨습니다. 자신이 교실에 수면제를 살포하는 것도 아닌데, 어쩌면 그렇게 잘 수 있는지 놀랍다고 쓴웃음을 지었습니다. 초창기에는 깨우기도 하고 벌을 세우기도 했지만 언제부턴가 그것도 별 의미가 없어 하지 않으신다고 합니다.

오랜만에 동창 모임에 나가 자기의 근황을 이야기하는데, 자신을 '잠자는 교실의 교사' '독백 전문 교사'라고 소개했다고 합니다. 모두가 자는 시간에 혼자 떠드는 상황이 문득 그렇게 표현되었다고 합니다. 그런데 모임 후 연극을 하는 동문이 연극 초대권을 주어서 거의 20년 만에 지인들과 연극을 보러 갔다가 정신적 충격을 크게 받았다고 합니다. 연극에서의 독백은 정말 연극의 백미였고, 모든 관객이 숨죽여서 배우의 독백에 빠져들었습니다. 그 모습을 보고 교실에서 자신이 한 것은 독백이 아니라 '혼잣말'이었다는 생각이 머릿속에 비수처럼 박혔다고 합니다. 이때부터 혼잣말 하러 다니는 학교가 싫어졌고, 우울감이 심해지면서 아이들도 미워지고 분노가 잘 조절되지 않아 퇴직을 고민하기 시작했다고 합니다.

본인이 유별난가 생각도 해 보고 다른 교사들은 어떻게 이 상황을 버티는지 물으면 "농담 그만해라. 진짜 갱년기인가 보다. 너무 편해서 별 고민을 다한다. 배우자나 자식이 속 안 썩이나 보다."라는 반응들이다 보니, 교무실에 있는 사람들과도 불편해졌다고 합니다. 그 후 다른 사람과 말 섞기도 싫고 차라리 혼자가 편해 혼자 술 먹는 시간도 늘어났다고 합니다.

어떤 날은 감정을 주체하기 어려울 때도 있었습니다. 그래서 여러 번 휴직을 고민하고 시도하려고 했는데, 여러 이유 때문에 휴직도 어려워 정말 힘들게 하루하루 버티며 지내고 계셨습니다. 고역 같은 하루를 살고, 저녁 때 혼자 술을 마시고, 집에 가서 자는 생활을 반복했습니다. 그러면서 이건 약으로 버티는 것이지, 살아 있는 삶은 아니다, 그런 느낌을 받고 지냈다고 합니다. 즉 영혼이 죽은 시체가 살과 핏덩이만 남은 채로 연명하는 삶이 자신의 삶이라고 하셨습니다.

내가 외쳤던 구호의 대상이 이제 나 자신이 되어

그 선생님은 상담에서 많이 우셨습니다. 여러 가지를 괴로워하셨는데 그중 하나가 교육 환경의 변화를 이루지 못했다는 회한이었습니다. 학생 시절부터 줄곧 외쳤던 구호들이 여전히 지금도 이루어지지 않았다는 것, 잘나가는 자신의 친구들이 입시 지옥을 만들고 유지하는 자리에 있다는 것 등이 기가 막힌다고 하셨습니다. 더군다나 아이들 입장에서는 이제 자신도 개혁해야 할, 구호의 대상일 뿐이라는 자각도 힘들다고 하셨습니다. 하지만 이런 사회적 흐름에 저항하고 자신의 수업에서라도 '변화와 혁신'을 시도할 만큼의 용기 또한 없다는 것이 또 다른 괴로움이었습니다. 혁신을 향한 자신의 노력은 비겁했고 창의적이지도 못했고, 관성에 젖어 교직 30년을 살아왔다고, 그 관성을 깨기에는 너무 늦었다고 하면서 괴로워하셨습니다. 50대 중년 교사의 눈물을 가슴으로 받아 내기에 제가 벅차다는 느낌을 가진 적도 여러 번 있었습니다.

꽹장히 오랜 시간 듣고 또 이해하려고 노력했습니다. 전부 이해할 수는 없었지만 마음은 늘 무거웠습니다. 자신과 자신의 세대가 추구하던 가치의 표본이 된 것이 아니라 개혁의 대상이 되었다는 말에 아주 깊은 고통이 묻어났습니다. 상담자인 제가 드릴 수 있는 위로가 많지 않아 함께 아파하는 것으로 시간을 보냈습니다. 저도 비슷한 세대이면서 비슷한 경험을 하고 있었기 때문입니다. 나이가 들기 전에는 몰랐던, 나이가 들면서 알아 가게 되는 것들이 있습니다. 부인하고 또 부인했지만, 부모와 다를 것이라고 다짐하고 또 다짐했지만, 비슷한 역사의 반복을 경험하고 있습니다.

명령과 제도에 의한 위반과 도덕 손상

이와 비슷한 이유로 찾아오신 선생님들을 상담하면서 이런 상태의 울분과 우울을 설명하는 개념을 찾아낼 수 있었습니다. 도덕 손상(moral injury) 혹은 도덕적 상처라는 개념입니다.

이 개념은 1980년대 미국의 간호 영역에서 시작되었고, 1990년대 조너선 셰이가 수많은 참전 군인들의 인터뷰를 모아서 정리하여 발표하면서 대중화되고 확장되어 사용되었습니다. 셰이는 도덕 손상은 특정한 질병을 말하는 것은 아니지만, 비정상적인 트라우마 사건에 대한 정상 반응 중 하나라고 했습니다. '권력을 가진 사람들이나 제도에 의해 위험하고 중요한 상황에서 평상시 옳다고 여긴 신념이나 도덕을 위배하는 행위를 하게 된 후 겪는 심리적, 정신적, 영적인 부정적 반응들'이라고 했습니다. 셰이는 군대의 병사들이 명령에 따라 자신의 양심에 어긋나는 행위를 한 후 겪는 고통스러운 과정을 보면서, 이 현상을 단순히 외상 후 스트레스 장애에서의 도덕적 분노로 국한시키면 안 된다고 생각했습니다. 도덕 손상, 도덕적 상처에 대한 논의는 현재 군대뿐 아니라 의료, 학교, 공공 정책 등으로 확대되어 사용되고 있습니다.

우리나라처럼 중앙 정부의 영향이 크고 교육부의 지배와 간섭, 통제가 교실 말단까지 장악하는 곳에서 교사는 도덕적 상처를 받기 더 쉽습니다. 교사에게 묻거나 소통하지 않고, 관료의 결정으로 하달되는 수많은 규칙, 지침, 가이드라인, 명령은 교사에게 고뇌를 안깁니다. 그 자신이 전문가라는 정체성을 가지고 있다면 더욱 큰 내면의 갈등과 고통을 겪습니다. 교사에게도, 아이들에게도 옳지 않은 특정한 행위를 하라는 명령과 지침은 매일 장대비처럼 쏟아집니다. 그 일을 거부할 수 없다면 매일 비를 맞는 겁니다. 자신의 양심을 위반하는, 자신의 이성을 마비시키는 비를 맞으며 교실에 서 있는 거지요. 그러면서 도덕을 위반한 것에 대한 처벌을 스스로에게 하게 됩니다. 자신을 일중독이 되게 하거나, 고통을 잊도록 알코올 중독이 되게 하거나, 개인적 취미에 흠뻑 빠져 '덕후'가 되거나, 아니면 분풀

이를 여기저기에서 하는 분노 유발자가 됩니다.

　도덕적 상처의 치유에서 중요한 것은 감별입니다. 사람들은 도덕적 상처를 번아웃으로 치부하는데, 번아웃은 휴식을 하면 일부 호전되지만 도덕적 상처는 단지 휴식으로는 호전되지 않습니다. 도덕적 상처는 우리 깊은 내면의 자존감과 자부심에 상처를 주고, 수치심을 느끼게 하기 때문에 번아웃과는 완전히 다릅니다. 도덕적 상처는 수치심을 회복하기 위해 필요한 여러 과정과 절차가 필요합니다. 특히 많은 동료와 함께 공동체를 이루어 본인의 도덕적 위반에 대한 고통을 인정받고 수용되고 회복할 수 있는 기회가 필요합니다. 이 도덕적 상처를 치유하지 않고 오래 지내면, 깊은 죄책감과 함께 만성적 우울증, 폭력적 성향, 중독, 자살 사고가 증가합니다.

　도덕적 상처로 인한 분노는 상처를 주던 사람이 변하거나 제도가 개선되면 일시적으로 호전되기도 합니다. 하지만 교사들은 그 시기에 본인이 상처를 준 아이들에 대한 미안함이나 죄책감을 수치심과 함께 마음속 깊이 간직하고 지내는 경우가 많습니다. 증언과 환기, 그리고 환대, 격려, 존중 속에서 도덕적 상처를 받은 교사들이 다시 자신과 사회를 수용할 수 있을 때 비로소 도덕적 상처는 치유와 회복의 단계로 들어가게 됩니다.

　　　　　　　　　　　2부 교사는 왜 소진되고 상처받는가?

번아웃이 아니라
도덕 손상이다!

"내가 그 일을 왜 해야 하는지를 설명해 달라."

"아이들에게 왜 그런 지침대로 해야 하는가."

"학교에서 그 기준을 적용하는 것이 바람직한지 묻지 않을 수 없다!"

미국 중서부의 중고등학교 교사 5명 중 4명이 근무 중 도덕 손상을 경험하고 있다는 연구가 있습니다. 특히 소수 민족이 많고 빈곤층이 많은 도시 변두리의 학교에서는 더 심하다고 합니다. 성적 향상에 대한 압박, 이를 따르지 않는 학생들을 퇴학시키는 결정들 앞에서 교사들은 도덕 손상을 입었습니다.

도덕 손상은 개인의 건강과 행복에도 큰 영향을 미친다는 연구 결과들이 최근 나오고 있고, 교사들에 관한 연구도 늘어나고 있습니다. 자신에게 혹은 동료 교사에게 기존의 도덕적 가치에 반하는 일들로 인해 정신적, 정서적 충격이 가해져 일상적이지 않은 증상들이 나타나면 자기 자신의 소진을 문제 삼을 것이 아닙니다. 교육 제도, 학교의 방침이나 구조에 대해서 동료 교사와 이야기를 나누어야 합니다. 본인 개인의 죄책감, 분노, 수치심으로만 여기고 그로 인한 의욕 상실, 지침, 일에 대한 괴로움의 결과를 개인의 무능과 게으름 탓으로 돌리는 악순환을 중단해야 합니다.

6
괴물 부모의 등장과
담임 교사의 퇴장

졸업 여행을 다시 다녀오세요!

선생님의 소진과 상처에 영향을 주는 가장 강력한 존재는 시대에 따라 변화가 있었습니다. 지금 초등학교 선생님들이 아주 힘들어하는 존재 중 한쪽은 학부모입니다. 일부 학부모들의 요구에 아주 당혹스러운 경우도 있는 것 같습니다.

다음은 일본의 사례를 제가 조금 각색한 것입니다. 오래전 일본 선생님들에게 개인적으로 들은 이야기도 있고, 일본의 책에 나온 이야기도 있습니다.

교장실에서 큰 목소리가 났습니다. 6학년 한 아이의 학부모가 찾아와서 교장 선생님께 항의를 하고 있었습니다. "사진 하나 제대로 못 찍느냐, 아이들에게 골고루 관심을 가지고 대하지 못하느냐, 그런 사람이 어떻게 교사냐." 하는 소리가 교장실 밖까지 흘러나왔습니다. 담임 교사가 교장실로 들어가자, 교장 선생님은 "아이들을 데리고 졸업 여행을 다시 다녀오세요!"라며 고함을 쳤습니다.

자초지종은 이랬습니다. 6학년들이 2박 3일의 짧은 졸업 여행을 다녀오면서 선생님이 찍어 준 사진이 발단이었습니다. 교장실에 방문한 학부모의 아이 사진이 다른 아이들에 비해 현저히 적었던 것입니다. 졸업 여행 사진들을 모아서 졸업 기념 책자를 만드는 과정에서 한 아이가 자기 사진이 얼마 없다는 사실에 기분이 상했고 이를 부모님에게 하소연했다고 합니다. 그러자 다음날 부모가 학교를 방문해서 항의했고 첫째 졸업 여행을 다시 다녀올 것과, 둘째 새로운 선생님으로 담임을 교체할 것을 요구했습니다. 선생님은 졸업 여행을 다시 가지는 않았지만 아이들과 인근 공원에 가서 사진을 다시 찍었고 그 아이가 잘 나왔는지 학부모, 아이, 교장 선생님에게 사진을 검증받았습니다. 그리고 그 선생님은 담임을 내려놓고 특정 과목의 전담 교사로 갔다고 합니다.

학급을 내 아이 중심으로

이런 일은 우리나라에서도 이제 빈번히 일어나고 있습니다. 제가 상담했던 선생님들에게 들은 이야기입니다. 중요한 학원에 가야 한다며 하교 후 바로 아이를 집으로 보내 달라고 했던 학부모가 다음날 "왜 아이를 집으로 바로 안 보냈느냐."라고 하며 항의를 했습니다. 교사는 학교 끝나고 바로 가라고 했고 교문 밖으로 나가는 것까지 지도했다고 말했지만, 그 학부모는 아이에게 신신당부를 했어야 한다고, 아이에게 그렇게 권위가 없어서야 담임을 어떻게 하느냐고 했다고 합니다.

이런 사례도 있었습니다. 한 학부모가 이런 요청을 해 왔습니다.

"제 아이가 ○○과 놀지 않게 특별히 신경 써 주세요. 그 애랑 논 애들은 모두 성적이 떨어진대요. 그 애랑 같은 반이 돼서 너무 걱정이에요." 그런데 이 아이는 초등학생도 아닌 중학생이었고, 중학생의 대인 관계에 교사가 직접 개입할 수는 없었습니다. "그것은 집에서 하셔야 할 일이지 학교에서는 그렇게 못한다."라고 했더니, 난리가 났다고 합니다. 담임이 아이들에게 헌신적이지 않다고 훈계를 하더니, 결국 교장 선생님에게까지 전화를 해서 교사가 학생들의 생활 관리에 일체 관심이 없다고 항의했다고 합니다.

이런 사례를 열거하기 시작하면 끝이 없고 하나하나 듣다 보면 마음이 답답해집니다. 일부 학부모들의 학교에 대한 태도와 인식은 정말 많이 바뀌었고, 우리의 예상을 뛰어넘습니다. 이는 양상과 정도는 다르지만 미국의 '헬리콥터 부모' 그리고 일본의 '괴물 부모'처럼 상식을 벗어나는 경우도 많았습니다. 하나의 사회 병리처럼 자리를 잡았다고 해야 할까요?

일본의 '괴물 부모'

2000년대 초반 발생한 후쿠오카 여교사 자살 사건이 학부모들의 거짓말 때문인 것으로 밝혀지고, 2006년 도쿄도에서 신입 교사가 학부모들의 괴롭힘으로 인해 자살하는 일이 벌어지자, 일본에서는 '몬스터 페어런트'라는 용어와 함께 '자기 자녀 중심의 이기적인 양육을 학교로 확장'하는 부모들에 관한 방송과 문헌들이 나오기 시작했습니다. 일본 문부성이 자료를 수집한 당시 2000년대 일본 학부모들의 무리한 부탁으로는 이런 것이 있었다고 합니다.

―아이의 반을 바꾸거나, 담임을 바꾸거나, 반 아이 중 한 아이를 전학시켜 달라고 요구하는 일.

―아이가 일어나지 못하니 담임이 집으로 와서 데려가 달라고 요구하는 일.

―아이들의 싸움에 개입해 상대 아이들을 비난하는 장문의 문서를 작성해 학교에 제출하고 처벌을 요구하는 일.

―자신의 아이가 릴레이 경기 선수로 선발되지 않은 것은 불합리하다고 항의하는 일.

―학생이 학교의 안내문을 부모에게 전달하지 않은 것을 교사의 지도 탓으로 항의하는 일.

―자신의 아이를 지도하기 위해 전담 교사를 붙여 달라, 자신의 아이를 학교 대표로 지역 행사에 참석시켜 달라고 요구하는 일.

― '○학년 ○반 ○○○라는 아이는 학습에 방해가 되니 등교시키지 말아 주세요.'라는 항의서를 도 교육청 교육 위원회에 익명으로 제출하는 일.

지금의 우리와 비슷하지요? 조금 다른 면도 있지만 비슷한 측면도 많은 것 같습니다. 일본의 정신과 의사 가타다 다마미는 저서『철부지 사회』에서 몬스터 페어런트의 현상적 특징을 크게 세 가지로 정리했습니다.

첫째, 자기 자녀의 이야기만 믿고 교사나 학교에 불만을 터뜨린다는 점, 둘째, 자기 자녀의 문제는 절대 인정하지 않는다는 점, 셋째, 교사의 대응에 조금이라도 불만이 있으면 교장이나 교육청 등을 들먹이며 사태를 확대시키려 한다는 점이 그렇습니다. 특히 이 중에서도 자신의 자녀에 대한 보호가 매우 지나친 것이 현대 부모들의 특성이라고 말했습니다.

그리고 이런 부모들이 생겨난 이유, 즉 몬스터 페어런트 출현의 사회적 과정에 대해서는 크게 다섯 가지를 추론했습니다.

첫째, 공동체가 붕괴되고 개별적인 부부 한 쌍이 아이를 키우게 되면서, 공동체보다는 자기 자녀가 더 중요해졌습니다.

둘째, 학교에 대한 불신이 증가했습니다. 즉 고학력 부모가 증가하고 사교육이 확대되면서 학교에서 교육을 받는다는 생각이 점차 줄어들었고, 학교의 존재에 대한 신뢰가 전보다 확연히 낮아졌습니다.

셋째, 과거의 부모들은 일을 하느라 정신이 없었지만 현대의 부모들은 자녀의 교육에 과도하게 관여할 수 있는 시간과 능력, 재력이 생겼다는 점도 큰 배경이 됩니다. 그러면서 자녀의 학업은 부모의 얼굴이 되었고, 부모들은 자신의 일이나 서로를 위하여 시간을 보내기보다는 오직 자녀의 일에만 시간을 쓰고 자녀에 집착하게 되었습니다.

넷째, 모든 것을 요청하고 주문하면 되는 소비문화가 학교에서도 가능하다고 생각하는 부모 세대가 등장했습니다. 학교도 하나의 서비스로 생각하고 자신이 주문할 수 있고, 반품 요청할 수 있으며, 상품처럼 대할 수 있다는 생각이 이런 상황을 악화시키고 있습니다.

다섯째, 자신의 책임을 전가하는 경향이 농후한 사회 분위기가 이런 현상을 더 크게 만든다고 하였습니다. 일본에는 자신에게 문제가 있다는 것을 받아들이기 힘들어하고 타인을 원망하는 사람들이 있다고 합니다. 하나밖에 없는 내 아이가 잘하지 못한다는 것을 받아들일 수 없어서, 아이의 전능감이나 만능감에 상처를 주거나 또는 그런 자녀가 있다는 것에 상처받기 싫어서, 문제의 원인을 외부로 돌리는 심리가 작용한다고 합니다. 이 또한 핵가족화, 저출생, 모자 일체감 등과 긴밀히 연결된 것으로 생각합니다.

가타다 다마미의 이런 생각들에 저도 상당히 동의합니다. 그리고 이와 비슷한 현상이 나타나는 문화권이 있다고도 생각합니다. 한국, 홍콩, 일본, 싱가포르, 대만, 중국 등의 아시아권 나라들은 비슷한 문제를 가지고 있습니다. 저출생, 고학력, 고경쟁, 고인구 밀도, 고령화의 길을 함께 걷고 있는 나라들입니다. 또 유교 문화권 안에서 부모들이 자녀에게 갖는 감정도 비슷합니다. 중국은 '소황제 증후군'으로 학교 교육에 큰 어려움이 있지요. 자녀를 잘 키워야 한다는 부담은 특히 부모 중 어머니에게 더욱 크고, 어머니는 가사부터 양육, 학습 지도와 진학까지 관리해야 합니다. 이 과정에서 부모에게 학교는 통과해야 하는 하나의 관문임과 동시에 분풀이 대상이자 발목을 잡히는 곳이자 책임을 전가하는 대상이 되었습니다.

안타까운 일입니다. 하지만 이런 현상은 지금 아시아권에서만 그치지 않고 확대되는 경향이 있습니다. 부모와 자녀가 분리되지 않는 미숙한 일체감, 부모와 자녀의 병적인 자기애와 전능감, 가족의 공동체성 부족 등이 공통된 현상으로 나타납니다. 이런 가족이 학교 교육 공간에 주는 피해를 줄이기 위해서는 학교의 일관되고 체계적인 대응과 함께 현명한 부모와 교사의 강력한 연대, 학교 조직의 공동체성 강화가 절대적으로 필요합니다.

'독박' 담임 제도, 이대로 괜찮은가

괴물 부모의 등장 이후 일본에서는 담임 제도에 대한 많은 회의감이 표출되었습니다. 그리고 담임이 모든 것을 감당하는 이른바 '독박' 담임 제도에서 팀 티칭을 하는 제도로 바꾸어 나가자는 논의가 시작되었습니다. 그러면서 부담임 제도와 더불어 담임 제도를 보완하는 여러 제도와 장치 들이 추가되었다고 합니다.

우리도 곰곰이 생각해 볼 필요가 있습니다. 현재의 1학급 1담임 제도가 과연 학교의 여러 문제를 해결하는 현명한 방법인가를 고민해야 할 때입니다. 공동체가 무너진 지금의 체제에서 한 명의 담임만이 아이를 돌보는 것이 아니라 여러 선생님, 여러 어른들이 가르침과 돌봄을 다양하고 복합적으로 제공하는 체계를 구상해야 하는 시기가 된 것 같습니다.

학부모를 이해하는
열 가지 교훈

1. 개별 학부모의 불안과 걱정을 이해하고 공감하자. 요즘 부모들에게는 한 두 명밖에 안 되는 자녀의 양육과 교육에 실패해 성공한 미래를 만들어 주지 못할지도 모른다는 두려움이 있다.

2. 학부모라는 존재를 이해하고 최근 학부모의 특성을 구체적으로 파악하자. 학부모들의 세대적 특성, 예를 들어 IMF 시기에 대학에 간 90년대 학번들의 경험과 상처, 그들의 희망과 요구 사항을 알자.

3. 학부모들과 만날 때 안심할 수 있도록 도우면서 협력하는 방법을 파악하자. 요즘 학부모의 자기애를 존중하면서도 필요한 자기주장을 잘해야 한다.

4. 몬스터 페어런트의 특성을 알자. 모자 일체화, 책임 전가, 부모 역할 실패에 대한 두려움 등이 있다.

5. 자기애적 부모들의 자기애가 확장된 존재로서의 자녀를 이해하자. 아이들을 긍정적으로 이해하고 격려하도록 하자.

6. 학부모 교육을 정례화하자. 학부모와의 모임을 진행하고 함께 대화하는 법을 배운다. 팀 페어런팅, 팀 훈육에 근접하는 노력을 해야 한다.

7. 학급 운영에서 신뢰감을 얻자. 의사소통을 잘하는 신뢰 높은 선생님으로 자리매김하자.

8. 자기애가 만연한 사회에서의 학부모-교사 간의 협력이 어렵다는 점을 이해하자. 모두가 성공하기를 바라고 잘나기를 바라는 과정에서 생기는 갈등과 비애, 어려움을 나누자.

9. 학교 민주주의를 통해 학부모와 교사가 함께 의사소통하고 갈등을 중재하고 훈련하는, 부모-교사 동맹으로 민주적인 학교를 만들자.

10. 학부모들의 모임에서 이루어져야 할 여섯 가지 책무(양육, 소통, 지원, 집에서의 학습, 의사 결정, 공통체와의 협력)가 잘 이루어지는 건강한 학부모 집단을 위한 학부모 팀을 운영해 보자.

7

학교 내의
갑질과
괴롭힘

'교육의 질은 교사의 질을 넘어설 수 없다.'라는 말을 하곤 합니다. 이 말은 '교육의 질은 교사의 행복을 넘어설 수 없다.'라고 바꾸어도 좋을 것 같습니다.

교사의 행복을 가로막는 한 영역은 학교라는 직장에서 벌어지는 '갑질'입니다. 학교 내 관리자 및 상급자에 의한 갑질과 부당한 괴롭힘이 교사의 불행 중 하나입니다.

> " 상사의 리더십 문제로 발생하는 정신병 비율이
> 일반 인구에서 발생하는 정신병 비율의 6배에 달한다. "
> _로버트 헤어(심리학자)

> " 많은 상사들은 '관계'를 맺고 유지한다는 것이
> 무엇을 의미하는지 제대로 이해하지 못하고 있다.
> 상사에게 가장 필요한 교육은 '관계 맺기와 관계 관리 교육'이다. "
> _요아힘 바우어

공공 기관에서 나타나는 '갑질' 유형

2018년 국무총리실에서는 공공 기관에서 흔히 나타나는 '갑질' 유형을 관련 자료를 통하여 분류하고 정리하여 참고하도록 했습니다. 자료에 정리된 갑질의 유형은 다음과 같습니다.

1. 법령 등 위반 유형: 법령, 규칙, 조례, 내부 규정 등을 위반하여 자기 또는 타인의 부당 이익을 추구하는 유형.
2. 사적 이익 요구 유형: 우월적 지위를 이용하여 금품, 향응, 기타 편의 등 사적 이익을 요구하거나 제공받는 유형.

3. 부당한 인사 유형: 자기 또는 특정인의 이익을 위하여 채용·승진·성과 평가 등 인사와 관련하여 부당하게 업무 처리를 하는 유형.

4. 비인격적 대우 유형: 외모와 신체를 비하하거나 욕설·폭언·폭행 등 상대방에게 비인격적인 언행을 하는 유형.

5. 기관 이기주의 유형: 발주 기관이 부담해야 할 비용을 시공사가 부담하게 하는 등 기관의 이익을 부당하게 추구하는 유형.

6. 업무 불이익 유형: 사적 감정 등을 이유로 특정인에게 근무 시간 외에 불요불급한 업무 지시를 하거나 부당하게 업무에서 배제하는 유형.

7. 부당한 민원 응대 유형: 정당한 사유 없이 민원 접수를 거부하거나 취하를 종용하고, 고의로 처리를 지연시키는 등의 유형.

8. 사제·도제 관계: 갑(甲)이 을(乙)의 상급 학교 진학, 진로 결정 등에 결정적인 영향을 미치는 관계에서 발생하는 갑질 유형.

9. 기타 유형: 그 외 따돌림, 부당한 차별 행위, 모임 참여 강요, 갑질 피해 신고 방해 등 다양한 형태로 나타나는 유형.

현장에서의 또 다른 '갑질' 유형

아래 내용은 전북 교사 노조 위원장인 정재석 선생님이 분류한 '현실 속에서의 갑질 유형'으로 선생님의 페이스북에 게재된 내용입니다.

— '갑질'의 대상이 되는 교사: 업무 배정 혹은 부당한 업무에 대해서 따지는 교사.

— 인사 '갑질': 1년 근무 경력자도 될 수 있는 보직 교사에 2년 근무한 교사가 지원했음에도 석연치 않은 이유로 떨어뜨린다. 이유를 물어보면 인사자문위원회 결과라고 말하거나 담임 업무에 충실하라고만 말한다. 인사 '갑질'을 피하려면 충성을 다하거나 침묵과 함께 순응해야 한다.

— 행정 '갑질': '갑질' 대상자가 전공을 했고 잘한다고 판단했던 업무를 지원해도 그 업무를 주지 않는다. 그 대신 아무 관련 없고 존재감이 떨어지는 업무를 배당한다. 이유를 물어보면 인사자문위원회의 결과라고 말한다. 다면평가위원으로 신청해도 이유도 설명하지 않고 갑질 대상자는 제외한다.

— 복무 '갑질': '갑질' 대상자가 지각을 했는지에 대해서 끊임없이 안테나를 세우고 관찰하고 옆 반 선생님을 통해 확인한다. 조퇴를 신청했을 때 미리 알리지 않는 한 결재를 지연시키기도 한다.

학교 현장에서의 갑질 및 괴롭힘에 대한 접근과 방안은 여러 서류와 매뉴얼로 잘 정리되어 있습니다. 하지만 그 매뉴얼은 현실에서 무용지물인 경우가 많습니다. 특히 한 개인이 홀로 '갑질'과 괴롭힘을 이겨 내기는 무척 어렵습니다. 그러므로 이를 당할 때는 주변의 도움이 절실합니다. 주변에 도움을 줄 수 있는 선생님, 노동조합을 포함한 조직, 그리고 법률 상담을 해 줄 수 있는 변호사가 가까이 있다면 조금 더 안전하게 문제를 해결할 수 있습니다.

무례하게 구는 사람에게는

정문정 작가가 쓴 『무례하게 구는 사람에게 웃으며 대처하는 법』이라는 책은 무려 50만 부가 팔린 베스트셀러가 되었습니다. 이 책의 제목 자체가 사람들의 열망이었으니까요. '갑질'을 하면서 무례하게 구는 상급자에게 웃으면서 잘 대처할 수 있기를 바라는 마음이 우리 모두의 마음속에 있으니까요. 이 책에서는 무례한 사람에게 대처하는 다섯 가지 방법을 말해 주고 있습니다.

1. 문제가 되는 발언임을 상기시켜 드립니다.
2. 되물어서 상황을 객관화합니다.
3. 상대가 사용한 부적절한 용어를 그대로 들려줍니다.
4. 무성의하게 반응합니다.
5. 유머러스하게 대답합니다.

대한항공 '땅콩 회항' 사건, 양진호 회장 직원 폭행 사건 등 사회를 뜨겁게 달군 여러 사건들로 인하여 2018년 '갑질' 관련 법들이 제정되고 시행되기에 이릅니다. 모든 5인 이상의 직장에 관련 법이 적용되었고, 공공 기관마다 '갑질' 예방 매뉴얼을 만들어 배포했습니다.

하지만 여전히 무례함은 교묘한 방식으로, 또 어떤 경우에는 대담한 방식으로 계속되고 있습니다. 그리고 착한 교사들은 문제가 커지는 것보다 문제를 감수하고 '갑질'을 좋은 의미로 해석하려고 노력하는 경우가 적지 않습니다.

'갑질' 타파 십계명

'직장갑질 119'라는 시민 단체가 직장 내 괴롭힘 방지법과 함께 언론에 널리 알린 '갑질 타파 십계명'을 소개합니다. 이 단체에서는 '기록이 기억을 이긴다.'라는 모토 아래 '갑질'에 대한 철저한 기록과 함께 상대방의 갑질을 자신의 탓으로 여기지 않는 주체성을 강조합니다.

1. 내 탓이라고 생각하지 않는다.

   괴롭힘을 당하고 계세요? 당신 잘못이 아닙니다.

2. 가까운 사람과 상의한다.

   괴롭힘을 당한 사실을 가족, 친구 등 가까운 사람에게 SNS 등으로 알리고 상의하세요.

3. 병원 진료나 상담을 받는다.

   정신적 스트레스를 받으면 병원 진료나 상담을 받습니다. 괴롭힘과 산업재해를 인정받을 때 필요합니다.

4. '갑질'의 내용과 시간을 기록한다.

'갑질'의 내용과 시간, 자리에 있었던 동료, 특이 사항 등을 상세하게 기록합니다.

5. 녹음, 동료 증언 등 증거를 남긴다.

본인이 참여한 대화를 녹음하는 건 불법이 아닙니다. 녹음, 동료 증언, 문자, 이메일, SNS 등 증거를 모읍니다.

6. 직장 괴롭힘이 취업 규칙에 있는지 확인한다.

10인 이상 사업장의 경우 취업 규칙에 괴롭힘이 명시되어 있는지와 신고 기관 및 예방 조치 등을 확인합니다.

7. 회사나 노동청에 신고한다.

괴롭힘을 받은 사실을 회사에 신고합니다. 공무원, 공공 기관은 국가인권위원회에 진정할 수 있습니다. 괴롭힘 신고를 제대로 처리하지 않았거나 대표 이사가 괴롭히는 경우에는 노동청에 신고(진정, 고소)하면 됩니다.

8. 유급 휴가 또는 근무 장소 변경을 요구한다.

가해자와 같은 사무실에서 근무할 수 없다면 근무 장소 변경과 유급 휴가를 요구합니다.

9. 보복 갑질에 대비한다.

괴롭힘 신고자나 피해자에게 해고나 불리한 처우를 하면 사용자는 3년 이하의 징역, 3000만 원 이하의 벌금에 처해지게 됩니다.

10. 노조 등 집단적인 대응 방안을 찾는다.

노동조합, 노사 협의회, 직장갑질 119 온라인 모임 등 집단적인 대응 방안을 찾습니다.

3부

소진과 상처를 넘어선
교사의 아픔들

1
만성
피로와
행동화

교사들의 상태를 알아차리기

교사 치유에 관한 강의를 부탁받고 학교에 갔을 때, 선생님들이 서클을 해 본 경험도 있고 비교적 서로에게 안전한 관계라고 하면, 바로 현 상태에 대한 각자의 에너지 점수를 먼저 이야기해 보자고 제안하기도 합니다. 그럼 선생님들이 1점부터 10점 중에 자신의 점수를 이야기하시지요. 그러다 꼭 당황하거나 혹은 울음을 터뜨리는 분이 계십니다. 당황하는 분은 자신의 상태를 잘 모르겠다는 분들이고, 울음을 터뜨리는 분은 지금 아주 힘든 분이지요. 아주 단순한 질문이지만 상태를 점수로 체크해 보는 일 하나에서 우리는 여러 가지

> 교직의 어려움을 더욱 복잡하게 만드는 요인이 있으니
>
> 그것은 우리가 우리의 자아를 가르친다는 점이다.
>
> 가르침은 자신의 영혼에 거울을 들이대는 행위이다.
>
> 만약 내가 그 거울을 들여다보면서
>
> 거기에 나타난 풍경으로부터 도망치지 않는다면
>
> 나는 자기 지식을 얻을 수 있다.
>
> _파커 파머

를 생각하게 됩니다.

일단 이런 자기 평가를 자주 해 보지 않았다는 분들이 있습니다. 이렇게 자신을 보살피지 않고 살아왔다는 분도 있고요. 기준이 없어서 모르겠다는 분도 있고, 자신의 상태를 옆 선생님에게 물어보는 분도 있습니다. 자신의 상태를 스스로 파악하는 것이 어렵다고 하시면서 말입니다.

어떤 모임에서는 첫 번째 선생님에 따라 평균 점수가 달라지기도 합니다. 교장 선생님이 모임에 참석해서 첫 번째로 9점이라고 하시면 그날 그 자리에 계신 분들은 모두 9점 내외입니다. 이런 것을 폭포수 효과라고 부릅니다. 이 하나의 활동을 하면서도 그 그룹에 대

해 많은 정보를 알게 되고 선생님들 한 분 한 분에 대해서도 알게 됩니다.

하나 확실한 것은 본인의 상태를 잘 가다듬으면서 사는 분들, 잘 정돈된 분들이 그렇게 많지는 않다는 것입니다. 자신이 과로를 하고 있는지, 힘든지, 아니면 재미가 없는지를 잘 모르고 사는, '깨어 있음'의 삶을 살기보다는 '끌려다님'의 삶을 사는 분들이 많지요.

타인은 우리의 거울

하지만 한 사람이 자신의 상태를 잘 알아차리면서 사는 것은 결코 쉬운 일이 아닙니다. 자신의 몸과 마음의 상태를 알아차리는 일을 잘하면 아마 다른 일들도 잘할 수 있을 것입니다. '살아 있고, 깨어 있는' 자기 돌봄의 기초는 이 '알아차림'으로 시작합니다.

이 '알아차림'이 너무 어려우면 다른 사람들에게 자신에 대해 물어봐서 자신을 파악하기도 합니다. 자신의 상태를 타인에게 묻는다는 것은 생각해 보면 참으로 역설입니다. 자신의 몸과 마음을 직접 느끼고 다루고 조절하는 것은 자기 자신인데, 우리는 이 상태를 스스로 알 수도 있지만 타인을 통해서야 비로소 더 잘 알게 되기도 합니다. 그러므로 타인은 참 중요한 존재입니다.

교사로서의 나의 상태를 잘 알아주는 타인은 누구일까요? 옆 자리에 있는 교사인 경우가 가장 흔합니다. 아니면 많은 시간을 같이 보내는 다른 동료 교사일 수도 있고, 때로는 수업을 듣는 학생들일 수도 있습니다. 그들이 흔히 이렇게 말합니다.

"김 선생님, 요즘 좀 피곤해 보이네요? 괜찮아요?" 혹은 "요즘 무리하는 거 아냐?" "다크서클이 땅에 닿을 것 같은데." 그러면 상당수의 선생님들은 "아니에요. 어제 잠깐 잠을 설쳐서 그래요." 혹은 "괜찮은데요. 전혀 문제가 없어요."라고 부정합니다. 그리고 속으로는 덜컥 걱정하기 시작합니다. 그제야 스스로에게 묻기 시작합니다. 자신에게 드리운 고단함이나 피로의 신호, 역치를 넘어선 스트레스의 신호들을 이모저모 측정합니다. 흔히 그렇게 시작합니다. 좀 더 적극적인 분들은 건강 검진을 하기도 하고, 또 어떤 분들은 주말에라도 시간을 내어 운동을 하기도 합니다. 문제는, 자신의 지친 상태를 알지만 아무것도 시작하지 못하는 분들입니다.

위험을 알리는 신호, 피로

피로감, 피곤함, 고단함은 휴식이 필요하다는 가장 일반적인 몸의 신호입니다. 이 신호를 읽지 못하면 몸에 이상이 쌓이고 피로가 누적되면 병이 납니다. 그런데 주로 특정한 그룹의 분들이 피로를 숨기는 경우가 많습니다. 그래서 우리가 '병을 키운다'라는 표현을 쓰기도 합니다.

교사들의 피로는 다양하게 나타납니다. 신체의 피로부터 시작해서 심리적 피로까지, 피로는 몸과 마음에 동시에 출격하여 사람을 힘들게 합니다. 정형외과에서도 '피로 골절'이라는 것이 있는데, 이것은 특정한 외부 충격이 있었던 것이 아니라 반복된 사용, 즉 과다하고 쉼 없는 사용의 결과로 오는 골절을 말합니다. 뼈도 그렇듯이, 마음도 그렇습니다.

교사의 마음이 힘들어지면 출근 피로, 수업 피로, 상담 피로, 학교라는 기관에 대한 피로가 옵니다. 그리고 가장 심각한 단계의 만성 피로를 우리는 공감 피로 혹은 동정 피로라고 부르는데, 이것은 실제 공감을 해 주어야 할 대상에게도 전혀 공감이 되지 않는 아주 심각한 심리적 피로 상태를 말합니다.

소진을 넘어 몸의 이상을 알리는 첫 번째 경고 신호는 이 누적된 피로입니다. 그러므로 이전보다 피로가 많이 느껴진다면 자신의 생활을 해부해 보아야 합니다. 자기 돌봄은 피로에 대한 투시로부터 시작됩니다.

피로로 시작해 행동화하기까지

아침에 출근해서 학교에 도착한 순간부터 피로가 몰려오나요? 출근에 대한 피로는 여러 가지 시사하는 바가 많습니다. 이는 교사가 상당히 소진되어 있음을 보여 줍니다. 출근할 때부터 피로하고, 수업을 시작하면 더 피로해지고, 사람들과 이야기하는 것조차 힘들어서 못 하겠고 퇴근 시간만 기다려진다면, 정말 에너지가 고갈된 상태에서 버티기식 근무를 하고 있다고 봐야 합니다. 육체적 피로에 더해 정신적 피로, 업무에 대한 피로, 수업에 대한 피로로 교사들은 행동이 변하기 시작합니다.

수업 시간에 아이들과 눈을 마주치는 것도 귀찮고 말을 섞는 것도 힘들어서 묻지 않으면 최대한 답을 하지 않게 됩니다. 학생들의 질문도 귀찮고, 특히 아이가 예외적인 요청을 하면 화가 폭발하기 직전까지 끓어오르고, 상태에 따라 어떤 날은 불똥이 교실 전체에 튀기도 합니다. 걸어 다니는 화산처럼 지내고 간혹 폭발하기도 합니다. 제발 나를 가만히 두었으면 좋겠다는 말이 입안에서 맴돌고 그냥 하루가 조용히 넘어가기만을 바라는 나날이 계속됩니다.

아이들의 몸뿐만 아니라 마음이 닿는 것도 너무 불편합니다. 사랑이 완전히 식어서 이별을 계획하고 있는 연인 관계 같은 차가움이 지배합니다. 아이들이 교사에게 매달리는 듯하면 냉정하고 냉소적인 뿌리침으로 응대하기도 합니다.

그래서 점차 아이들을 익명의 대상으로 대하고, 교실 안에서는 딱딱한 규칙만 존재하기를 바랍니다. 위반하면 처벌하고 따르면 무시하는 상태의 차갑고 엄혹한 교실에서 어른 관리자로 존재하는 것이

차라리 편안하다고 느끼곤 합니다.

점차 고통스러운 시간이 지나가고, 이제 그 고통조차 느껴지지 않는 상태가 됩니다. 남은 감정은 냉소와 비웃음, 허탈함, 무기력입니다. 방학이 다가오는 날짜만 세면서 지내고, 아이들이나 주변 동료 교사들과는 단절된 시간의 연속입니다. 하루하루 버려진 시간들에서는 악취가 나고 상처받은 학생들의 가슴에서는 고름이 나오지만, 이제 어떻게 할 수 없다는 자포자기의 상태에서 '행동화'만 계속됩니다. 행동화란 원래 정신 분석에서 시작된 용어인데, 자신의 무의식적인 갈등을 언어로 표현하지 못하고 행동으로 표현하는 것을 말합니다. 상담 과정에서 행동화를 알아차리지 못하면 상담에서도 행동화가 나타나고, 점차 상담 이외의 생활 속에서도 행동화가 늘어납니다.

작은 피로가 커다란 피곤함이 되고 만성적인 고단함이 됩니다. 온갖 미룬 일들이 두텁게 십층 석탑처럼 쌓여 갑니다. 그리고 오로지 어떻게 하면 휴가 혹은 병가라도 받을 수 있을지 생각하며 마음이 오락가락합니다. 삶의 생기나 활력은 없습니다. 영락없는 만성 피로 증후군 환자처럼 지내게 됩니다. 건드리기만 하면 부정적인 행동이 고름처럼 터져 나옵니다.

학교 담장을 넘는 행동화

만성 피로에 빠진, 고단하고 불온해진 선생님들의 부정적 감정이 학교를 넘어서는 일은 흔합니다. 부정적 감정이 끓어넘쳐서 자신이 감당할 수 있는 수용치를 넘어서면 행동화가 도처로 퍼져 나갑니다. 그런 일을 흔히 보아 왔습니다.

일단 술과 가까워지는 분들을 가장 자주 보았습니다. 스트레스를 풀기 위해서 술을 마시지만 술은 피로와 더불어 건강을 더 해치기만 합니다. 분노가 더 폭발하기도 하고, 감정 조절에 실패하기도 합니다. 사건이 연이어 발생하기도 하지요. 술을 통한 행동화는 많은 사건 사고를 연속적으로 만듭니다.

취미 생활에 미친 듯이 빠지는 분들도 보았습니다. 좋은 취미는 생활을 풍요롭게 하고 자부심을 높이는 효과가 있습니다. 그래서 잃었던 삶의 즐거움을 일부 되찾기도 합니다. 하지만 자신의 본업에서의 일을 회피하기 위한 방편이라면 그 효과는 오래가지 않습니다. 안식처가 아니라 도피처가 되다 보니 그 재미나 영광이 오래가지 못하고 갈등 상황이 만들어지곤 합니다.

사실 피로를 해결하지 못하고 지내는 많은 선생님의 고통이 눈덩이 굴러가듯이 커져서 모이는 가장 큰 집결지는 집입니다. 선생님들은 피로와 고단함 그리고 학교에서의 온갖 실망감과 괴로움을 집으로 가져가는 경우가 많았습니다. 집안의 식구들에게 그 감정들을 토해 내고 배설하는 경우가 적지 않았습니다. 그래서 일부 자녀는 그 모습에 큰 상처를 받고 교사인 부모가 '참 별로'라고 합니다. 저는 그런 이야기를 여러 번 들었습니다. 집안 식구들이 공감해 주는 것에 지쳐, 교사를 그만두는 것이 어떻겠냐고 하는 경우들도 보았습니다.

본인의 피로와 좌절감을 해결하기 위해 수많은 연수를 찾아다니는 연수 중독자 선생님들도 있고, 거꾸로 학교를 벗어나면 교사가 아닌 양 신분을 숨기는 분들도 보았습니다. 혹은 학교를 마치고 집에 들어가면 일체 집 밖으로 나오지 않고 사회생활을 단절하는 분들도 보았습니다.

일을 하긴 하는데 몸은 천근이고 여기저기 아프고, 하지만 이 피로와 통증의 원인을 설명할 수 없을 때 우리는 만성 피로 증후군이라는 진단명을 내립니다. 이 피로가 어디에서 오는지, 왜 해소되지 않는지를 설명하기 너무 힘들어서 포기한 상태가 되는 것입니다. 그 상태에서 벗어나기 위해서 전문가들은 인지 행동 요법, 유산소 운동, 약물 요법이라는 답을 내놓긴 했습니다. 하지만 여전히 안개 혹은 미세 먼지가 잔뜩 낀 날씨 속에서 계속 살아가는 답답함이 가시지 않습니다.

만성 피로 증후군의
진단

현대 의학은 아직 만성 피로 증후군에 대해서 잘 알지 못합니다. 원인도, 기전도 아직 파악되지 않았습니다. 다만, 설명되지 않는 피로로 인한 고통을 인정하기로 했고, 그 상태에 대한 진단을 학문적으로 합의한 상태입니다. 만성 피로 증후군의 진단은 현재 1994년 미국의 질병 통제 본부에서 정한 기준이 널리 참고되고 있습니다.

1. 가장 핵심이 되는 만성 피로 관련 증상은 다음과 같이 정의됩니다.

① 임상적으로 평가되거나 설명되지 않는 새로운 피로가 6개월 이상 지속적 또는 반복적으로 나타납니다.

② 현재의 힘든 일 때문에 생긴 피로가 아니어야 합니다.

③ 휴식으로 증상이 호전되지 않아야 합니다.

④ 직업, 교육, 사회, 개인 활동이 만성 피로가 나타나기 전보다 실질적으로 감소해야 합니다.

2. 위와 같은 피로 이외에 다음 증상 중 네 가지 이상이 동시에 6개월 이상

   지속되어야 합니다.

   ① 기억력 또는 집중력 장애

   ② 인후통

   ③ 경부 또는 액와부 림프선 압통

   ④ 근육통

   ⑤ 다발성 관절통

   ⑥ 새로운 두통

   ⑦ 잠을 자도 상쾌한 느낌이 없음

   ⑧ 운동 또는 힘든 일을 한 이후에 나타나는 심한 권태감

3. 위의 증상들이 다른 질환에 의해 발생했다면 만성 피로 증후군이 아닙

   니다.

2

공감 피로와
대리 외상

난 더 이상 듣기 힘들다

아이들과 이야기 나누는 것을 좋아했던 김 선생님은 언제부터인
가 아이들의 이야기를 듣는 것이 힘들어졌습니다.

"한마디로 어떤 이야기도 더 듣고 싶지 않습니다. 짜증도 나고, 힘
든 이야기를 더 들으면 제가 무너질 것 같아요. 언젠가부터 힘들고
고통스러워서 마음의 문을 닫는 저 자신을 발견하기 시작했습니다.
이렇게 된 게 오래되지는 않았지만, 제가 너무 지쳤다는 걸 알게 되
었습니다.

가난하고 힘든 아이들이 많이 사는 지역으로 옮기고 4년 차가 된

올해는 특히 더 그런 것 같습니다. 지난 3년간 정말 마음이 쓰레기통처럼 되어 버렸습니다. 그런데 그 마음을 제대로 처리하지 못했습니다.

마음의 쓰레기통을 잘 비우면서 아이들과 부모들의 이야기를 들었어야 했는데, 여러 이유로 그럴 수가 없었습니다. 지금은 그 쓰레기 더미 위에 무엇을 더 쌓고 싶지가 않습니다. 그래서 당분간은 누구를 만나서 대화하는 일은 하고 싶지 않습니다. 꼭 일이 많고 지쳐서 그런 것만은 아닙니다. 현재 일은 많지는 않습니다. 다만 여러 해결되지 않은 일들이 누적되어 그런 것 같습니다.

부모들, 교육청 등 모두에게 상처를 많이 받았고, 사실 학생들에게도 상처를 많이 받았습니다. 그러다 보니 누군가에게 지금은 긍정적인 감정으로 반응을 해 주기 어려운 상태입니다. 그냥 회피하고 싶습니다. 죄송합니다."

돌보는 사람에게 나타나는 공감 피로

매 순간 힘든 이야기를 반복적으로 들어야 하는 의사, 간호사, 상담사, 사회 복지사나 재난과 위기가 닥쳤을 때 구조 요청에 반복적으로 응해야 하는 응급 구조 요원, 소방관, 경찰관 등의 사람들에게 흔히 나타날 수 있는 정서적, 정신적 피로 중 하나가 '공감 피로'입니다. 공감 피로는 간호 분야에서 처음 논의되기 시작해서 심리학자 찰스 피글리가 개념을 확립하고 척도를 개발하여 지금은 다양한 분야로 확대되어 적용되고 있습니다.

교사나 사회 복지사, 상담자 들은 학생이나 학생의 가족들에게 무슨 일이 생기면 그들의 심리적 상처를 최소화하기 위해 최선을 다합니다. 타인의 상처를 줄이기 위해 나 자신의 에너지를 총동원해서 사용합니다. 그런데 이 에너지가 떨어지기 시작하면 주의를 집중해야 할 때 집중이 되지 않고, 온 마음을 다해서 느끼고자 할 때도 느껴지지 않습니다. 짜증 나고 무력하고 자신의 일이 의미 없는 반복인 것 같아서 상대방을 기계적이고 관료적으로 대하게 됩니다. 그저 업무가 빨리 끝나기를 바라는 마음만 남게 됩니다. 이것이 바로 공감 피로의 상태입니다.

공감 피로는 돌봄 분야에서 일하는 사람들이 '자기 돌봄'을 체계적으로 제공받지 못했을 때 찾아오는 흔한 현상입니다. 소진과는 다른 것으로, 학생이나 학부모 혹은 여러 교육 체계로부터 이차적인 트라우마를 받게 될 때 공감 피로의 상태에 도달하게 됩니다.

공감 피로가 시작되면

공감 피로를 겪고 있는 분의 이야기를 들어 보면 외상 후 스트레스 장애와 꽤 비슷하게 느껴집니다. 하지만 여러 점에서 차이가 있습니다. 아래는 얼마 전에 만난 한 선생님의 이야기입니다.

"아이들이나 학부모 일로 동료 교사와 늦게까지 이야기를 나누다가 갔는데 아침에 일어나기가 너무 힘들었습니다. 어제 일로 술을 좀 먹었는데 몸이 너무 무겁습니다. 생각해 보니 요즘 지각을 자주 합니다. 동시에 짜증과 화도 많이 냅니다.

이렇게 된 것에 관해 주변 탓을 많이 하고 있습니다. 제대로 도와주는 사람이 없어서 점차 고립된다는 느낌, 아니면 일을 거의 나 혼자 한다는 느낌에 사로잡히곤 합니다. 하지만 성취감은 별로 없습니다. 지금 제일 지치는 것은 딱히 희망이 보이지 않는다는 것입니다.

답답하기만 하지요. 가슴도 답답하고 소화도 안 되는 느낌, 그리고 언제나 머리가 멍하거나 띵하고 맑지 않은 느낌입니다.

회의나 토론 중에 자꾸 감정적으로 되고, 균형이나 객관성을 유지하기가 어렵습니다. 물론 그러면 안 된다는 것을 알지만 조절이 잘 안 될 때가 많습니다.

아이들과 학부모들, 동료 교사들에게 미안한 마음이 큽니다. 이게 지금 내가 잘못하는 것인지, 시스템의 잘못인지 모르겠습니다. 모든 것이 다 문제라고 생각합니다.

이번 일을 마치면 정말 다시는 이런 일을 맡을 생각이 없습니다. 마음이 온통 쓰레기투성이입니다."

이 이야기에서 공감 피로의 증상을 알아볼 수 있습니다. 일단 일상생활에서의 지각이나 자기 조절이 어려워집니다. 과다하게 음주를 하기도 합니다. 전보다 짜증이나 화를 잘 내는 등 감정적인 행동을 합니다. 비난하고 회피하는 행동도 나타나고요. 심리적으로는 고립감, 비참함, 죄책감, 괴로움 등을 느낍니다. 다른 이를 비난하고 싶고, 자신의 일에 성취감을 느끼지 못하고, 희망이나 기쁨 또한 느끼지 못합니다. 신체적으로는 무척 피로하고 소화가 잘 안 됩니다. 두통, 불면, 가슴이 답답한 증상이 나타납니다.

공감 피로와 관련된 요인들

공감 피로의 상태에 빠진 교사들에 대한 연구에 따르면 다음과 같은 요인들이 공감 피로와 더 관련이 있다고 합니다.

—남자 선생님에 비해 여자 선생님에게서 공감 피로가 조금 더 많다고 합니다. 젊고 열정적인 여자 선생님에게서 공감 피로가 조금 더 많이 나타났다는 연구 결과도 있습니다.

—외상 경험이 많은 학생이나 학부모를 대했던 선생님들에게서 공감 피로가 더 많이 나타날 수 있다고 합니다. 특히 아동 학대, 아동 성 학대 사안을 다루는 선생님들은 더 공감 피로로 힘들어질 수 있습니다.

—학교에서 관리자이거나 다른 선생님들의 지지가 적은 채로 일하는 선생님들이 공감 피로에 더 쉽게 빠질 수 있는 것으로 나타났습니다. 특히 동료 교사들의 지지는 아주 중요합니다. 한 선생님이 어떤 아동이나 청소년을 도울 때 다른 선생님들이 함께 도와주지 않으면 공감 피로는 더 쉽게 발생할 수 있습니다.

—혼자 일하거나 고립된 채로 일하는 것이 공감 피로와 관련이 높은 것으로 연구되었습니다. 동료와 함께 문제를 검토하고 도움을 주는 슈퍼비전이나 교육 지원 등과 연계되어 일하는 사람들이 공감 피로에 덜 관여되는 것으로 알려졌습니다.

—또 학부모의 협조가 어려운 빈곤 지역의 중고등학교에서 일할 때 공감 피로가 더 쉽게 찾아온다는 연구도 있습니다.

대리 외상이란 무엇인가?

공감 피로, 이차 트라우마 스트레스, 대리 외상 등 비슷하게 쓰이는 용어들이 많습니다. 이를 엄격하게 구분하기는 어렵지만 일부에서는 이를 구분해서 사용하기도 합니다. 그중에서 특히 '대리 외상'(vicarious trauma)은 공감 피로 혹은 이차 트라우마 스트레스와는 약간 다르게 쓰이는 개념입니다.

아이들과 학부모들의 힘든 이야기를 들으면서 외상 후 스트레스 장애를 겪을 수 있고 또 그로 인해서 상담이나 만남을 회피하는 공감 피로, 혹은 이차 트라우마 스트레스를 겪을 수 있습니다. 이것들과 유사한 측면도 있지만 대리 외상은 그중에서도 신념의 변형에 조금 더 초점을 맞추는 개념으로 사용됩니다. 자신, 세계, 안전, 타인 등에 대한 신념이 외상으로 인해 변형되면서 정서적, 행동적 반응도 달라지는 것을 말합니다.

공감 피로나 이차 트라우마 스트레스가 조금 더 광범위하게 나타나는 반면 대리 외상은 전문가 혹은 외상을 반복적이고 직접적으로 다루는 사람에게 더 국한되어 나타나는 것으로 보기도 합니다. 하지

만 공감 피로, 이차 트라우마 스트레스, 대리 외상을 모두 뒤섞어서
쓰는 경우도 많습니다.

감정의 쓰레기통을 비우고 사는 법

공감 피로나 대리 외상 상태에 빠지는 많은 선생님에게 여러 프로
그램들이 전하는 기본적인 지침은 균형감에 관한 것입니다.

생활의 균형감, 도움의 균형감, 학교 안에서 일의 균형감을 찾는
것이 중요합니다. 아무도 선생님 자신을 잃어 가면서, 선생님을 바쳐
가면서 일하는 것을 원하지 않습니다. 그러므로 선생님 자신을 균형
있게 지키면서 일하는 법을 강구하는 것이 감정의 쓰레기통을 비울
수 있는 첫 번째 방법입니다.

그래서 선생님의 균형감을 도와줄 다섯 가지 조언을 드립니다. 이
는 캐나다에서 교사들의 소진과 행복을 위해 일하는 전직 교사 출신
자문가 조안나 크롭의 이야기를 반영한 것입니다.

1. 선생님은 섬이 아니고 혼자가 아닙니다.

선생님은 학교라는 체계 안에 있다는 것을 잊지 말아야 합니다.
체계 안에서 일을 풀기로 결심해야 합니다. 혼자 모든 것을 감당하
지 않기로 해야 합니다.

2. 선생님에게도 경계가 있다는 것을 잊지 말아야 합니다.

아무리 힘든 아이나 부모라 할지라도 선생님의 경계를 뛰어넘어 선생님의 삶으로 들어올 수는 없습니다. 선생님 삶의 경계는 지켜져야 합니다. 경계를 분명히 하는 것이 어려우면 주변에 물어보세요. 삶의 자리를 지키면서 일하는 것이 중요합니다.

3. 선생님은 부모가 아닙니다.

때로 부모 같은 역할을 해야 하는 순간이 있지만 선생님은 부모가 아닙니다. 부모 같은 마음으로 가르침과 돌봄을 주는 숭고한 정신을 지닐 수는 있지만 지금 당장 밥을 먹이고 용돈을 주어야 하는 부모는 아닙니다. 부모처럼 해 준다는 것과 부모라는 것은 정말 다른 일입니다.

4. 선생님은 모든 일을 할 수가 없습니다.

외부에 도움을 요청하고, 마음에 들지 않아도 받아들여야 합니다. 선생님이 생각하는 만큼의 지원이 아니지만 그래도 선생님이 다른 일을 할 수 있도록 숨통을 트여 줄 수 있다면 그 도움을 받으셔야 합니다. 그러지 않으면 선생님이 모든 일을 다 해야 하고 선생님은 피폐해질 수밖에 없습니다. 아무리 작은 학교, 적은 학생 수의 학교라 하더라도 모든 일을 다 잘 감당해 낼 선생님은 없습니다.

5. 다른 사람들, 혹은 외부 전문가들의 도움을 과감히 받으세요.

갇힌 시선으로 보면 보이지 않는 것들이 있습니다. 외부인이 객관적으로 볼 때, 풀리지 않던 것들이 풀리는 경우가 종종 있습니다. 이는 우리 자신의 내면을 보기가 어려운 것과 같은 원리입니다. 그러므로 외부의 자문을 받고 수용하고 지혜롭게 일을 풀어 가세요. 열정적이고 뜨거운 어리석음보다는 따뜻한 지혜가 우리 모두에게 도움이 됩니다.

열정적으로 일하는 선생님들이 흔히 듣는 조언이자, 공감 피로에 빠져 있는 선생님들에게는 아주 마음 아픈 조언이기도 합니다. 함께 일하고, 경계를 세우고, 부모가 아니라는 사실을 깨닫고, 도움을 요청하는 것을 통해 공감 피로로부터 빠져나올 수도 있고 공감 피로 상태에 도달하지 않을 수도 있습니다.

힘듦과 아픔을 소화해 내는 교사 생활

"김 선생님이 휴직하셨대."
"아프시대."
"우울증이라고 하시던데."

이런 말들이 아이들과 부모님들 사이에 돌기 시작하면 상실감과 함께 죄책감이 그 집단 안에 팽배하게 됩니다. 악순환이 시작됩니다. 좋은 선생님을 병들게 하는 집단이라는 내부의 메아리부터 시작해서, 결국 자신들이 다시 돌봄으로부터 버려졌다는 불안과 공포에 이르기까지 합니다.

그러므로 우리는 지침 없는 돌봄이 되도록 하는 것을 고민하고 안정적인 돌봄 체계를 구성해야 합니다. 선생님들이 공감 피로에 이르지 않도록 서로를 보살피고 지켜 주고 지원해 주는 것이 중요합니다. 이 과정에서 교장의 리더십도 중요하고, 동료 교사들의 지지도 중요하고, 교사 자신의 자기 돌봄도 모두 중요합니다. 아마 그중에서 요즘 가장 주목을 받고 있는 것은 동료들의 지지인 것 같습니다.

손상받지 않고 꾸준히 모두가 회복되고 발전하고 성장하기 위한 지혜를 그 집단 안의 누군가는 발휘해야 합니다. 그리고 그 원리를 집단이 지지할 수만 있다면 아이들과 부모들은 더 이상 좋은 선생님들을 잃지 않을 것입니다.

우리는 지금 교사의 트라우마를 치유하고 함께 성장할 수 있는 여러 장치와 제도를 만들어야 하는 전환점에 서 있습니다. 그 과정은 교사 공동체 내부의 협력과 이 협력 체계가 작동할 수 있도록 돕는 학교의 지원 없이는 불가능합니다. 이 체계가 순환하지 않을 때 교사들의 부상과 이탈이 일어나고 교사회가 붕괴됩니다. 교사들 간의 협력은 이제 학교 운영의 심장 같은 역할로서 더욱 강조되어야 합니다.

공감 피로를 예방하기 위한 자기 돌봄 ABC 전략

공감 피로를 예방하기 위한 자기 돌봄 ABC 전략을 소개합니다. 바로 Awareness(알기), Balance(균형 잡기), Connection(연결하기)입니다.

A: Awareness, 알기

제일 어려운 것이 '알기'입니다. 자신의 상태를 알려고 하지 않거나, 부정하거나 혹은 알고도 실행에 옮기지 못하는 것이 문제입니다.

아는 것이 중요한 것은 문제를 조기에 발견할 수 있기 때문입니다. 짜증 나게 하는 것, 좌절하게 만드는 것, 다른 일보다 더 힘이 드는 것이 무엇인지 파악하세요. 그리고 그런 일들을 피하거나 조절하거나 다른 교사들과 상의해 보세요. 우리를 더 힘들게 하는 요인을 아는 것은 우리를 보호하는 첫 번째 단계입니다. 자신의 상태를 알기, 그리고 수용하기, 이것이 우리의 가장 큰 숙제입니다.

B: Balance, 균형 잡기

나 자신을 위해서도 학교와 아이들을 위해서도 일과 삶의 균형은 중요합니다. 이것이 가장 높은 효율과 잠재력을 보장합니다. 지금 자신의 취미를 즐기며 살고 있나요? 가족과의 약속을 어기지 않나요? 자신과 가족을 위해서 해야 할 일을 하지 않고 타인을 위해서 일할 때 사람들은 대가를 바라게 되거나 화와 짜증이 밑바닥에서 일어납니다. 그것이 일의 성격이나 의미를 바꾸어 놓을 수도 있습니다.

C: Connection, 연결되기

공감 피로에 휩싸일 때 중요한 특징은 자신도 모르게 혼자가 되는 것입니다. 상대방의 이야기에 귀 기울이려고 하다가도, 공감 피로의 상태에서는 금세 피곤해지고 귀찮아집니다. 또 이야기에 몰입되지 않아서 함께하기보다는 혼자 있는 것이 더 편해집니다. 그래서 이전보다 고립되기 쉽습니다. 그리고 그 고립은 더 일을 어렵게 만드는 악순환을 일으킵니다.

현재 하고 있는 일을 함께할 사람을 찾으세요. 도움을 주고받을 사람을 찾으세요. 의지할 만한 사람이 있다면 더 좋지요. 지치는 사람의 공통된 특징은 그 일을 혼자 하고 있거나 혹은 고립되어 하고 있다는 것입니다. 혼자 하는 습관을 고치는 것, 그것은 남을 힘들게 하는 것이 아니라 함께하는 새로운 습관을 통해 더 잘하고 잘 돕는 방법을 찾는 것입니다. 다행히 우리는 좋은 속담을 가지고 있지요. "백지장도 맞들면 낫다." 함께하세요.

3

적응 장애,
화병, 그리고
외상 후 울분 장애

적응 장애 또는 화병

교사들이 아이들, 학부모, 학교 조직으로부터 받는 상처와 아픔은 분노가 됩니다. 요즘 교사들에게 분노, 화, 격분은 아주 흔하고 지배적인 감정이 되었습니다. 저에게 오시는 선생님들에게 가장 자주 진단하는 병명 중 하나가 적응 장애(adjustment disorder)입니다. 혹은 화병입니다. 적응 장애란 주로 최근 발생한 3개월 이내의 스트레스로 일상생활의 어려움이 생기는 현상을 가리키는 개념입니다. 진단 기준은 다음과 같습니다.

A_인식 가능한 스트레스 요인(identifiable stressor)에 대한 반응으로 감정

적 또는 행동적 증상이 3개월 이내에 발생한다.

B_이런 증상 또는 행동은 임상적으로 현저하다.

• 외부 상황이나 문화적 요인을 고려할 때 스트레스 요인의 심각도

또는 강도에 비해 현저하게 높은 고통

• 사회, 직업, 또 다른 중요한 기능 영역에서 현저한 손상

C_스트레스와 관련된 장애는 다른 정신 질환의 기준을 만족하지 않으며, 이미

존재하는 정신 질환의 단순한 악화가 아니다.

3부 소진과 상처를 넘어선 교사의 아픔들

D_증상은 정상적인 애도 반응을 나타내는 것이 아니다.

E_스트레스 요인 또는 그 결과가 종료된 후에 증상이 추가로 6개월 이상 지속되지 않는다.

진단 기준이 말하는 바를 요약하면 최근 3개월 내에 생긴, 우리가 알고 있는 스트레스로 인해, 평상시와 다르게 아주 힘든 상태로 지내는 것을 말하는데, 이렇게 힘든 것이 정신 질환이나 누가 돌아가신 것 등으로 설명할 수 없는 상태가 적응 장애입니다.

적응 장애의 세부적인 유형으로는 우울함(기분 저하, 눈물, 무망감 등)이 두드러지게 나타나는 경우, 불안감(신경과민, 걱정, 초조, 분리 불안 등)이 나타나는 경우, 불안 및 우울을 동시에 느끼는 경우, 품행 장애가 나타나는 경우, 정서적 증상과 품행 장애가 동시에 나타나는 경우가 있습니다. 또한 적응 장애의 특정 유형으로 분류할 수 없는 부적응적인 반응이 나타나기도 합니다.

또 우리가 보통 '화병'이라고 하는 증상은 『정신질환의 진단 및 통계 편람』 4편에 포함된 한국 사람들의 고유한 증후군을 말합니다. 글자 뜻 그대로 영어로는 '분노 증후군'(anger syndrome)으로 번역되며, 분노의 억제로 인해 발생하는 병을 말합니다. 주요 증상으로는 불면, 피로, 공황, 우울감, 소화 불량, 식욕 부진, 호흡 곤란, 빈맥, 전신 동통 및 상복부에 덩어리가 있는 듯한 느낌 등이 있습니다. 이런 증상이 있지만 일상생활은 그래도 그럭저럭 해 나갈 수 있는 상태입니다. 그런 점에서는 우울증과 차이가 있습니다. 화병은 서양의 기준으로 볼 때는 적응 장애에 가장 가깝습니다. 그래서 선생님들이 화병으로 오셨다고 했을 때 진단서에는 적응 장애라는 병명이 적히는 것입니다.

화가 누적되고 여기에 억울함이 더해지면, 즉 울화에 분함이 더해지면 울분이라고 합니다. 울분은 화병과는 또 다른 감정으로 현재 분석되고 있으며, 특정한 외상적 경험 후에 따라오는 울분과 이와 관련된 증상을 모아 '외상 후 울분 장애'라고 하는 것이 제안되어 있습니다.

외상 후 울분 장애란 무엇인가?

외상 후 울분 장애(Post Traumatic Embitterment Disorder, PTED)는 독일의 마이클 린든 교수가 제안한 개념입니다. '일상생활에서 나타날 수 있는 부정적 경험(nagetive life event)에 의해 유발되는 반응성 장애'로, 특정한 사건이나 경험 이후에 현저하게 지속적으로 정신 건강에 문제가 생기고 그 사건을 불공정하게 여기고 그 사건을 떠올릴 때마다 울분, 분노, 무기력감을 나타내는 질환을 말합니다. 즉 '부정적 사건의 외상적 경험에 따라 기본적 믿음 및 가치관의 손

3부 소진과 상처를 넘어선 교사의 아픔들

상'(violation of basic beliefs and values)을 느끼게 되는 상태를 말합니다.

PTED는 일상에서 겪는 부정적 사건에 의해 발생하는 경우가 많습니다. 사고, 해고, 부부 갈등, 싸움, 사별 등 개인 인생의 중요한 사건이 공정하지 않게 처리되어, 그 과정에서 굴욕감과 울분, 분노의 감정을 느끼고 이로 인해 자기 비하, 무력감, 패배감이 따르는 경우가 많습니다. 그래서 기억하고 싶지 않은데 자꾸 그 일이 떠올라 괴롭고 복수의 감정이나 억울한 감정에 사로잡히기도 합니다. 이런 증상들이 6개월 넘게 지속될 때 PTED를 의심하고 진단할 수 있습니다.

PTED는 본인이 지녔던 일부 신념이 부당하고 불공정하게 파괴된 상태로 인해 여러 반추, 침습, 분노 등 일부 외상 후 스트레스 장애 증상이 나타나기도 합니다. 하지만 외상 후 스트레스 장애보다 불공정, 부당함에 대해서 더 극심한 반응을 보이는 특징이 있습니다.

울분 삼키기 혹은 삭이기

교직에 있으면 업무가 부당하게 처리되거나 억울한 일이 생기고, 이에 대해 예민하고 심각하게 반응하는 경우가 점점 많아집니다. 학교 내에서 벌어지는 직종 간 갈등, 학부모와의 갈등, 관리자와의 갈등, 학교 폭력 처리 과정, 무엇보다 교육부, 교육청 등의 공문과 지침에 대응하고 처리하다 보면 그 불합리와 부당함에 화를 넘어 격분하게 됩니다.

우리나라는 외상 후 울분 장애를 처음 제안한 독일보다 울분을 느끼는 국민의 비율이 5~6배가 높다고 합니다. 다만 이 비율이 아직 직업별로는 연구되지 않아서 현재 교사들의 비율을 정확히 알 수는 없습니다. 하지만 교육에 대한 국민들의 울분이 높고, 그 울분의 화살이 교사를 향해 쏟아지기 때문에 교사들 또한 높은 울분을 가지고 있습니다. 교사들은 높은 교양으로 서로를 보듬고 격려하며 지낼 것이라고 생각할 수도 있지만 실제는 그렇지 않습니다. 다양한 신경전과 이기주의, 관리자의 '갑질'과 상급 기관의 괴롭힘이 차고 넘칩니다. 더불어 현재의 교육 제도가 가지고 있는 온갖 부조리와 부적합함으로 교사들은 울분을 삼키며 하루하루를 보내고 있습니다.

화와 울분을 무엇으로 바꾸어야 하나?

화와 울분으로 인한 증상을 치료하기 위해서 공감과 수용은 기본적인 조건입니다. 문제는 교사들의 화와 울분에 대한 공감과 수용이 때로는 교사들 내부에서조차 어렵다는 점입니다. 교사 개개인의 주관성과 강한 개성으로 인해 공감대를 형성하기 쉽지 않다는 한계가 있기도 합니다.

개방적 수용과 연대의 경험이 교사들에게는 더 필요합니다. 그런 점에서 다양한 방식으로 개최되는 최근의 서클이나 학습 공동체는 희망적입니다. 교사 집단 내부에서부터 기존의 경직된 방식이 아니라 다양한 방식의 환대와 열린 공간이 필요합니다.

더불어 화와 울분에 가득 찬 상태에서 협소한 관점으로만 보던 일들을, 협상의 가능성을 열어 놓고 모두에게 이익이 되는 관점에서 바라보는 지혜와 슬기가 필요합니다. 지혜와 슬기의 렌즈를 끼고 보면 다른 해법이 보이기도 합니다. 그래서 조금이나마 위안을 얻을 수 있습니다. 부당하지만, 불공정하지만, 억울하지만, 100% 손해를 보는 것이 아니라, 일부 손해를 대신해 다른 이익을 얻거나 다른 측면에서 획득할 수 있는 것들을 발굴하는 지혜가 필요합니다. 집단지성이 필요하기도 합니다. 여기서 사용하는 지혜와 지성에는 관점, 태도, 비전 등의 변화가 요구됩니다.

또한 포기하지 않고 애정을 가지고 꾸준히 이야기를 나누어야 합니다. 무슨 마법으로 부당한 일이 한순간에 공정한 일로 뒤바뀌기를 기대하는 것이 아니라 수용할 부분을 꾸준히 발견해야 합니다. 그리고 울분으로 남아 있는 부분을 승화시키거나 화해할 수 있도록 노력해야 합니다. 용서까지는 어렵지만 설명, 사과, 화해, 수용을 통해 앞으로 나아가는 것입니다.

교사들은 이미 아이들을 위해서 연대를 해 온 무수한 경험이 있습니다. 우리 자신의 의견도 있었지만 학생들에게 이익이 되는 것이면 학생들의 요구에 따라 화해하고 타협해 왔던 경험이 있기에 이 과정 또한 할 수 있습니다. 필요하면 투쟁도 했고, 필요하면 청원도 했고, 필요하면 아이들과 토론도 하고 법도 바꾸었던 경험이 있습니다. 이미 오랜 시간 기다린 것들도 많습니다. 역사가 하루아침에 이루어지지 않았듯이 우리는 하나씩 하나씩 이루어 갈 것입니다. 라인홀드 니버의 말을 여기서 인용하는 것은 가슴 아픈 일이지만, 때로 위로가 되기도 합니다.

"할 만한 가치가 있는 일 가운데 그 어느 것도 우리의 생애 안에 성취될 수는 없습니다. 따라서 우리는 희망으로 구원받아야 합니다. 진실하거나 아름답거나 선한 것은 어느 것도 역사의 즉각적인 문맥 속에서 완전하게 이해되지 못합니다. 따라서 우리는 믿음으로 구원받아야 합니다. 우리가 하는 일이 아무리 고결하다 해도 혼자서는 결코 달성할 수 없습니다. 따라서 우리는 사랑으로 구원받아야 합니다."

교사의 평균 수명과
퇴직 나이는 어떻게 될까?

1. 교사의 평균 수명은 얼마나 될까?

공무원연금공단의 평균 연금 수령 연수로 교사의 평균 수명을 알 수 있습니다. 2017년 공단 자료에 의하면 교사들의 평균 수명은 77세라고 합니다.

직종	1998~2007	2012~2016
정무직	72.9	82
일반직	61.6	74
기능직	62.3	72
경찰직	62.3	73
소방직	58.8	69
공안직	61.6	72
교육직	67.7	77
법관·검사	66.2	74
별정직	65.2	77

| 공무원 연금 수령자 직종별 평균 사망 연령 (단위: 세) |

현재 한국인들의 평균 기대 수명은 남성은 82세이고, 여성은 85세입니다. 그러니까 교사들은 평균 기대 수명보다 5년 덜 사는 셈이지요. 그래도 예전보다는 많이 나아졌습니다. 2014년 자료에서는 더 짧게 나왔거든요. 1990년 후반부터 2000년대 중반까지 교사 평균 수명이 67세였던 것에 비하면 10년 뒤 자료에서는 무려 10년이 늘어났습니다. 예전 교사들은 연금이 나오는 65세 이후 3년을 채 살지 못했는데, 지금은 그래도 65세에 이후에 대략 12년은 연금을 수령할 수 있습니다. 물론 연금을 한 푼도 쓰지 못하고 죽는 공무원이 예전에는 더 많았던 것 같습니다. 그때 연금은 자신보다는 가족을 위한 것이었네요.

2. 교사의 평균 퇴직 나이는 얼마나 될까?

학교급별 교원의 평균 퇴직 연령 추이는 다음 표와 같습니다. 평균 퇴직 연

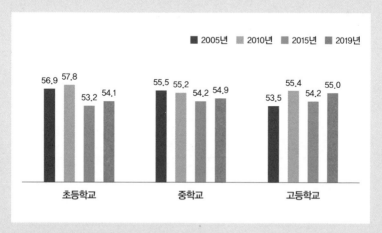

| 학교급별 교원의 평균 퇴직연령 추이 |

령이 2015년에 가장 낮았던 것은 그 전해인 2014년 사학연금법이 개정되었기 때문입니다. 퇴직을 가장 많이 한 해라고 할 수 있지요. 초중고 교원의 평균 퇴직 연령은 대략 54세로, 최근 몇 년간 큰 변화가 없는 듯 보입니다. 하지만 2019년 자료를 보면 학교급 간 차이와 남녀 교사 간 차이가 큽니다. 가장 빨리 퇴직하는 교사는 고등학교 여성 교사로 평균 50.6세에 퇴직을 했습니다. 반면 고등학교 남성 교사는 평균 57.5세, 초등 남성 교사는 54.2세, 초등 여성 교사는 54.0세에 퇴직합니다. 초등학교에서는 남녀 교사의 평균 퇴직 연령에 별 차이가 없는 반면, 고등학교에서는 남자 교사는 더 오래 일하고 여자 교사는 가장 빨리 퇴직합니다. 퇴직하는 나이를 보면 알 수 있듯, 정년퇴직하는 교사들이 드물고 대부분 명예퇴직을 많이 합니다. 정년까지 일하기 쉽지 않다는 뜻이지요. 정년퇴직 연령인 만 62세에 도달하기 전에 모두 교직을 떠납니다. 정년의 꿈, 그것은 교사들에게 무엇을 말하는 것일까요?

4
외상 후
스트레스
장애

교사의 안전을 직접 위협하는 트라우마들

학생의 안전만큼이나 교사의 안전도 중요한 이슈가 되고 있습니다. 학생들의 폭력은 동료 학생을 향하기도 하지만 교사를 향하기도 합니다. 교사를 향한 폭언과 욕설이 증가하고, 교사에 대한 신체적 공격도 늘어나고 있습니다. 불복종, 반항을 포함한 거부는 직접적인 공격은 아니어도 상당히 위협적으로 교사를 겨냥할 때도 있습니다. 교사를 집단적으로 따돌리고 괴롭히는 무리가 조직될 때도 있습니다. 교실에서 혼자 수업을 해야 하는 교사의 안전은 때로 바람 앞에 선 촛불처럼 아찔할 때도 있습니다. 이런 일은 초등학교 고학년부터 벌어지기 시작하는데, 이런 위협적 행동을 하는 학생들의 잔혹성은 이해하기도 어렵고 놀랍기 짝이 없습니다.

또한 학부모들의 무리한 요구나 위협도 교사의 안전을 위협합니다. 민원성 방문 통보, 고성, 욕설, 폭언, 협박에 이르기까지 학부모들 또한 교사들에게 심리적, 정신적 트라우마를 주는 일이 흔히 있습니다.

소셜 미디어 공간에서 위협받는 일을 포함해서, 개인 정보를 비롯한 교사들의 '신상 털기' 등 사적인 정보와 생활에 대한 위협도 있습니다. 소셜 미디어에서의 패륜적 욕설, 성적 모욕 또한 수위가 높은 경우가 많아 교사가 그 내용을 직접 보면 큰 충격에 휩싸이기 일쑤입니다. 교사의 안전은 여러 측면에서 공격받고 있습니다.

교사의 마음에 스며드는 간접적 트라우마들

어느 날 한 학생이 보여 주고 싶은 것이 있다고 하며 다가와서 선생님 앞에서 팔을 걷었습니다. 아이의 팔에는 수십 번 칼로 그은 상처가 있었고 선생님은 비명을 지를 수밖에 없었습니다. 자해한 학생들의 상흔을 보는 것, 충격적일 수밖에 없습니다.

너무 안타깝고 슬픈 일이지만, 학생이 자살했을 경우 담임 교사는 정신적으로 힘들어질 수밖에 없습니다. 더군다나 학생의 자살이 학급 활동 혹은 학급 또래 관계의 문제와 관련이 있다면 그 선생님의 애도는 더 힘들어질 것입니다. 자해, 자살과 같은 심각한 일들에 대한 목격, 증언이나 애도와 관련된 일만 있는 것이 아닙니다.

아동 학대와 함께 주의력 결핍 과잉 행동 장애 혹은 다른 발달 장애가 있는 학생이나, 품행 장애가 있어 충동 조절이 어렵고 공격적인 학생이 행동화를 크게 해서 기물을 파괴하거나 수업을 방해해 교실이 아수라장이 되는 일이 벌어지면, 선생님과 다른 학생들 모두 트라우마를 경험하게 됩니다.

교실 혹은 학교 곳곳에서 벌어지는 아이들과 관련된 일들이 아이들과 선생님들에게 트라우마가 될 수 있습니다. 그것을 직접 목격하는 것뿐만 아니라, 전해 듣는 과정에서도 트라우마를 경험할 수 있습니다. 교사들에게 외상 후 스트레스 경험은 흔합니다. 이 경험이 조금 더 심해지면 외상 후 스트레스 장애 진단이 내려지기도 합니다.

교권 침해의 유형

교육부, 교육청이나 한국교원단체총연합회 등은 교권 침해 사례를 보고받고 수집하고 상담하고 있습니다. 이러한 교권 침해 사건들이 교사들이 겪는 트라우마의 대부분을 차지합니다. 2018년 개정된 교권 관련 법률에서는 현재 교권을 침해하는 유형을 열 가지로 분류하여 다루고 있습니다.

(1) 상해·폭행 (2) 모욕·명예 훼손 (3) 손괴 (4) 성폭력 범죄 (5) 성적 굴욕감·혐오감을 일으키는 행위 (6) 공무 및 업무 방해 (7) 협박 (8) 정당한 교육 활동을 반복적으로 부당하게 간섭하는 행위 (9) 정보통신망 이용 및 불법 정보 유통 (10) 기타

교육통계서비스 블로그에 이 상황을 게재한 박근영 교육개발원 연구위원에 따르면 "교육청의 교권 침해 사건에 대한 보고는 줄어들고 있지만, 교총의 교권 침해 상담 건수는 상당히 늘고 있다. 이것은

교권 침해에 대한 교사들의 대처가 적극적으로 늘어났음을 의미한다. 또한 교권 침해에 대한 보험 출시 이후 가입자가 늘었다는 것도 교권 침해의 현실을 반영한다."라는 의견을 개진하였습니다. 교사들의 교권 침해에 관한 대처와 법적 분쟁도 늘어나고 있습니다.

교권 침해에 대한 법률적 대처와 심리적 지원이 과거보다 절실하기에 현재 많은 교육청은 교권보호지원센터뿐만 아니라 교원치유지원센터를 다수 설치하여 운영하고 있습니다. 이 기관들을 이용하는 다수 교사들이 받는 진단이 외상 후 스트레스 장애, 급성 스트레스 장애, 우울증, 적응 장애 등입니다.

외상 후 스트레스 장애의 기준

『정신질환의 진단 및 통계 편람』 5편의 외상 후 스트레스 장애의 진단 기준은 다음과 같습니다.

A_실제적이거나 위협적인 죽음, 심각한 부상, 또는 성폭력에의 노출이 다음과 같은 방식 가운데 한 가지(이상)에서 나타난다.

- 외상성 사건에 대한 직접적인 경험.
- 그 사건이 다른 사람에게 일어난 것을 생생하게 목격함.
- 외상성 사건이 가족, 가까운 친척 또는 친한 친구에게 일어난 것을

3부 소진과 상처를 넘어선 교사의 아픔들

알게 됨.

* 외상성 사건의 혐오스러운 세부 사항에 대한 반복적이거나 지나친 노출 경험.(예: 변사체 처리의 최초 대처자, 아동 학대의 세부 사항에 반복적으로 노출 등.)

단, 사건이 전자 미디어, 텔레비전, 영화 또는 사진을 통해 노출된 경우는 적용되지 않는다.

B_외상성 사건이 일어난 후에 시작된 침습 증상의 존재가 다음 중 한 가지 (이상)에서 나타난다.

* 외상성 사건의 반복적, 불수의적, 침습적인 고통스러운 기억.
* 내용과 정동이 외상성 사건과 관련되어 반복적으로 나타나는 고통스러운 꿈.
* 외상성 사건이 재생되는 것처럼 그 개인이 느끼고 행동하는 해리성 반응.
* 외상성 사건을 상징하거나 닮은 내부 또는 외부의 단서에 노출되었을 때 나타나는 극심하거나 장기적인 심리적 고통.
* 외상성 사건을 상징하거나 닮은 내부 또는 외부의 단서에 대한 뚜렷한 생리적 반응.

C_외상적 사건들이 일어난 후에 시작된, 외상성 사건과 관련이 있는 자극에 대한 지속적인 회피가 다음 중 한 가지 또는 두 가지 모두에서 명백

하다.

- 외상성 사건에 대한 또는 그와 밀접한 관련이 있는 고통스러운 기억, 생각 또는 감정을 회피하거나 혹은 회피하려는 노력.
- 외상성 사건에 대한 또는 그와 밀접한 관련이 있는 고통스러운 기억, 생각 또는 감정을 불러일으키는 외부적 암시를 회피하거나 또는 회피하려는 노력.

D_외상성 사건이 일어난 후에 시작되거나 악화된, 외상성 사건과 관련이 있는 인지와 감정의 부정적 변화가 다음 중 두 가지에서 나타난다.

- 외상성 사건의 중요한 부분을 기억할 수 없는 무능력.(두부 외상, 알코올, 약물 등의 이유가 아니며 전형적으로 해리성 기억 상실에 기인.)
- 자신, 다른 사람 또는 세계에 대한 지속적이고 과장된 부정적인 믿음 또는 예상.
- 외상성 사건의 원인 또는 결과에 대하여 지속적으로 왜곡된 인지를 하여 자신 또는 다른 사람을 비난함.
- 지속적으로 부정적인 감정 상태.
- 주요 활동에 대해 현저하게 저하된 흥미 또는 참여도.
- 다른 사람과의 사이가 멀어지거나 소원해지는 느낌.
- 긍정적 감정(행복, 만족, 사랑 등)을 경험할 수 없는 지속적인 무능력.

3부 소진과 상처를 넘어선 교사의 아픔들

E_외상적 사건이 일어난 후에 시작되거나 악화된, 외상성 사건과 관련이 있는 각성과 반응성의 뚜렷한 변화가 다음 중 두 가지에서 현저하다.

- (자극이 거의 없거나 아예 없이) 전형적으로 사람 또는 사물에 대해 언어적 또는 신체적 공격성으로 표현되는 민감한 행동과 분노 폭발.
- 무모하거나 자기 파괴적인 행동.
- 과각성.
- 과장된 놀람 반응.
- 집중력의 문제.
- 수면 교란.

F_장애(진단 기준 B, C, D, E)의 기간이 1개월 이상이어야 한다.

G_장애가 사회적, 직업적 또는 다른 중요한 기능 영역에서 임상적으로 현저한 고통이나 손상을 초래한다.

H_장애가 물질의 생리적 효과나 다른 의학적 상태로 인한 것이 아니다.

이 기준을 충족하면, 정신건강의학과 의사들은 외상 후 스트레스 장애라는 진단을 내립니다. 거창한 진단 기준처럼 보이지만 실제로 다음과 같은 사례가 외상 후 스트레스 장애의 증상입니다.

"벌써 한 달이 넘어가고 있는데요, 모든 것이 나아지기는커녕 더 힘들어지고 있어요. 현재 출근은 하고 있고, 교무실에서 나와 3층까지는 어떻게 가겠는데 4층은 올라가지 못하겠어요(회피 증상).

그 4층 입구의 첫 번째 교실에서 아이들이 저를 둘러싸고 소리 지르고 욕설을 퍼부었거든요. 벌점을 취소할 수 없다는 제 결정에 반발한 아이들 중 하나가 심한 욕설을 하면서 따라 나오더니, 저를 밀쳤어요. 나머지 아이들도 따라 나와서 저를 밀쳤어요(외상성 사건).

저는 복도 창가로 몰렸고 몇 명인지는 지금도 뚜렷이 기억할 수는 없어요. 이 이야기를 시작하려니까 벌써 심장이 뛰기 시작하네요. 그날 이후로 그 장면이 자꾸 머리에서 떠오르고(침습적 기억), 생각하기 싫어도 그 욕설이 귓가에 맴도는 것 같아요(침습적 환각). 처음 며칠은 악몽을 꾸기도 했어요(침습적 악몽).

학교는 간신히 오긴 하는데, 그 아이들을 마주칠까 두렵고, 또 건물 위를 쳐다보지도 못하겠고, 4층 수업은 현재 갈 수가 없어요(회피 증상). 그래서 학교에 이야기를 해서 다른 교사에게 부탁하긴 했어요. 근데 아직도 아이들 목소리가 금방 커지면 깜짝깜짝 놀라고(과각성, 놀람 반응), 퇴근길이나 거리에서 큰 남자애들 목소리만 나면 두려워요(과각성).

지금 제일 괴로운 것 중 하나는 잠을 제대로 자지 못하는 거예요. 누우면 온갖 불안한 마음과 휴직을 해야 되나, 나머지 아이들은 어

3부 소진과 상처를 넘어선 교사의 아픔들

떻게 하지, 이번 학기는 마쳐야 하나 하는 복잡한 여러 생각들로 잠을 자지 못해요(수면 문제). 그리고 이런 상태에 대한 이해를 조금이라도 못 해 주는 선생님들의 발언을 듣거나 혹은 집안 식구들이 그냥 잊으라고 하는 소리를 들으면 너무 신경질이 나요. 막 소리를 지르고 싶어요(과민 감성과 분노 폭발).

특히 아이들이 일시적으로 흥분해서 그런 것 가지고 교사가 과잉 반응한다고, 그렇게 해서 앞으로는 교사 어떻게 하려고 하냐는 식의 이야기에는 정말 분노해요. 그렇게 말했다고 하는 가해 학생의 학부모와 일부 관리자 선생님들에게 똑같은 공포를 경험하게 해 주면 좋겠다는 마음이 들 때도 있어요. 지금은 제발 잠이라도 자고 사람 없는 곳에서 한참을 있다가 오고 싶어요. 특히 청소년들이 없는 곳에서. 지금은 딱 그런 심정이에요."

이 정도의 상태면 심각한 급성기 증상이 해소되지도 않았고, 안타깝지만 외상 후 스트레스 장애로 진단하기에는 충분한 상태입니다. 약간의 약물과 함께 여러 치료법을 처방하거나 제안할 수 있습니다. 그리고 병가나 휴직을 고려할 수도 있는 상황입니다. 이런 트라우마에서 관련 학생과 공간에 대한 외상이 짧은 시간에 쉽게 극복되기를 기대하기는 어렵습니다.

교사의 외상 후 스트레스 장애의 치료

외상 후 스트레스 장애의 치료는 크게 약물 치료와 상담 치료로 나뉩니다.

약물 치료는 주로 불면, 과각성, 불안, 우울을 비롯한 침습적 인지 증상에 대한 대증적 요법을 쓰는 경우가 많습니다. 일정한 기간 사용하고 중단하는 경우가 대부분이지만 잔존 증상에 따라 1년 넘게 사용하는 경우도 있습니다. 물론 만성적인 경과를 겪는, 복잡성 발달 트라우마 계통의 경우에는 아주 장기간 약물이 필요하기도 합니다.

상담 치료는 외상성 증상에 대한 사고에 초점을 맞추고 관련된 감정과 반응 행동에 대해 치료하는 외상 초점 인지 행동 치료, 안전한 치료자와 함께 외상적 장면에 대한 노출, 대처 방식, 감정의 교정을 추구하는 연장 노출 치료, 외상성 기억에 초점을 두고 이를 소실하고 재처리하는 안구 운동 민감 소실 및 재처리 요법, 외상 당시의 신체가 경험한 몸의 기억에 초점을 맞추고 안정화를 추구하는 신체 경험 치료, 외상 증상이 상기될 때 자신을 진정시키고 감정 조절을 잘할 수 있도록 돕는 다양한 종류의 마음 챙김과 이에 기초한 호흡, 요가, 명상 요법 들이 제안되고 있습니다. 그리고 외상성 증상을 이겨 나가는 과정에서 회복 탄력성(resilience)과 외상 후 성장(post-traumatic growth)에 대한 프로그램을 연결하여 회복을 더 촉진하도록 돕기도 합니다.

현재 우리나라에는 체계적으로 연구한 교사 외상 극복 치료 프로그램은 거의 드물지만, 트라우마를 강조하는 경향을 가진 미국에서는 트라우마를 잘 알고 극복하는 학교, 트라우마에 민감한 학교, 트라우마 인지 기반 교육 등 상당히 많은 트라우마 관련 프로그램들이 진행되고 있습니다. 학생들의 트라우마뿐만 아니라 교사들의 트라우마에 초점을 맞춘 프로그램만 하더라도 지난 10년 동안 셀 수 없이 많이 제출되어 있습니다.

가장 강력한 치유적 요소, 사회적 지지

여러 치료 방법과 지원 방안이 있지만, 외상 후 스트레스 장애의 질병 경과에서 가장 강력한 치유적 요소가 되는 단 하나의 명약은 사회적 지지입니다. 트라우마를 경험한 교사에 대한 동료 집단의 강력한 지지, 관리자 및 교육 당국의 강력한 지지, 학생들의 강력한 지지, 사회적인 강력한 지지는 트라우마를 경험한 사람들에게 회복의 지름길이 된다고 여러 다양한 트라우마의 치료 결과에서 나타나고 있습니다. 트라우마의 회복과 관련된 그 어떤 개인적 요인보다 사회적 지지가 더 강력하게 작용하고 효과를 미칩니다.

트라우마를 남기는 사건이 사회적으로 벌어질 때 국가부터 나서서 적극적으로 지원하고 지지하는 것은 단지 격려하고 응원하는 것이 사회적 의무이기 때문만은 아닙니다. 그것이 그 트라우마를 견디고 극복하고 그 이후에도 살아가야 하는 개개인들에게 강력한 치유적 요소와 영양분으로 작용하기 때문입니다.

동료 교사가 트라우마를 겪고 있을 때 우리가 할 수 있는 강력한 지지, 그것은 단지 하면 좋은 것이 아니라 그 교사에게는 아주 강력한 치료제이자 영양제이자 회복제임을 알아주셨으면 합니다. 굳이 나까지 나서서 위로할 필요가 있을까, 이미 위로를 많이 받고 있을 텐데, 하는 소극적인 마음에 머무르지 말고 가서 말해 주세요.

"나도 선생님 편이고, 선생님이 힘내도록 도울 것이고, 선생님이 이 트라우마를 잘 극복하는 데 집중할 수 있도록 돕겠습니다."라고 말해 주세요. 말이 안 나오면 쪽지라도 써 주세요!

나도 교권 보호 보험에 가입해야 할까요?

교권 침해에 대한 통계는 시도 교육청에 집계되는데, 최근 발생 현황은 다음과 같습니다.

구분	2014년	2015년	2016년	2017년	2018년
학생에 의한 교권 침해	3,949	3,346	2,523	2,447	2,244
학부모 등에 의한 교권 침해	63	112	93	119	210
총합	4,009	3,458	2,616	2,566	2,454

| 연도별 교권 침해 신고 건수 |

학생에 의한 교권 침해 신고 건수는 늘지 않는 반면 학부모에 의한 교권 침해 신고 건수는 급증하고 있습니다. 반면 학생들의 교권 침해 건수는 고등학교는 감소 추세이고, 중학교에서는 2016년 이후 다시 증가 추세로 돌아

섰고, 초등학교는 증가하는 추세입니다. 이에 대한 분석이 반드시 필요한 것 같습니다.

구분	2014년	2015년	2016년	2017년	2018년
고등	2,128	1,888	1,609	1,375	1,028
중등	1,793	1,415	857	967	1,094
초등	25	43	57	105	22

| 학교급별 학생에 의한 교권 침해 건수 (2014~2018년) |

	초등	중등	고등	합계
상해·폭행	36.89	5.67	5.64	7.35
모욕·명예 훼손	32.79	63.25	56.13	58.33
성적 굴욕감·혐오감을 일으키는 행위	9.84	6.86	7.49	7.31
공무 및 업무 방해	2.46	1.83	4.47	3.07
협박	0.82	2.47	3.60	2.90
손괴	0	0.91	0.49	0.67
성폭력 범죄	0.82	0.27	1.17	0.71
정보통신망 이용 불법 정보 유통	0.82	0.82	0.29	0.58
정당한 교육 활동에 대한 반복적 부당한 간섭	7.38	9.23	14.88	11.72
기타	8.20	8.68	5.84	7.35

| 2018년 학교급별 교권 침해 종류 (단위: %) |

학교급별로 보면, 초등학교는 상해 > 모욕 > 성적 굴욕감 순이고, 중학교는 모욕 > 부당한 간섭 > 기타 > 성적 굴욕감 순이고, 고등학교는 모욕 > 부당한 간섭 > 성적 굴욕감 > 기타 > 상해 순이었습니다.

심각해지는 교권 침해에 어떻게 대응해야 할까요? 미국의 사친회(Parent-Teacher Association, PTA)와 같은 교사-학부모 연대 단체가 도움이 될 수도 있습니다.

학부모, 학생, 교사 간의 대화 훈련도 필요하고, 성적 굴욕감이나 혐오감을 줄이는 교육이나 문화적 사업, 훈련도 필요한 것 같습니다. 소리부터 지르고, 욕설을 한바탕 퍼부은 다음에야 갈등을 해결해 가는 우리 문화의 문제부터 시작해서 이 갈등을 완화시킬 모두의 노력이 절실합니다.

그렇지만 제도적 해법이나 문화적 해법보다 당장 급한 것은 개인의 보호입니다. 교권 침해에 대한 교사들의 자기 보호 현상 중에 가장 눈에 띄는 것은, 교사들이 보험에 드는 것입니다. 2016년 한 보험 회사가 개시한 교권 보호 보험에는 3년간 대략 1만 명이 가입했으며 60% 이상이 30~40대 중견 교사들이라고 합니다. 법과 제도, 문화로 해결하지 못하는 불안감과 무력감을 이렇게 각자도생의 길을 걷듯이 해결하고 있다는 것은 안타까운 현실입니다.

5

우울증

2017년 전교조가 가톨릭의대 직업환경의학과 연구 팀과 함께 조사한 전국 단위 표집 연구에서 임상적 치료가 필요한 우울증인 교사가 11.9%, 아직 우울증은 아니지만 고위험군에 해당하는 교사가 28%로 나타났습니다. 전체 교사 중 두 집단을 합하면 40%에 육박하고, 그중에서도 고3 담임의 경우에는 60%까지 높아진다고 합니다. 우울한 교사가 10명 중 4명이나 된다는 보고는 교단과 사회에 큰 충격을 주었습니다.

이런 교사들의 상태를 일반 인구 집단과 비교해 보았을 때, 20대에서 50대까지 모두 교사 집단의 우울증 비율이 확실히 높았고, 특히 20대와 30대 교사 집단이 훨씬 더 높은 비율로 우울한 것으로 나타났습니다. 젊은 교사들이 교사가 된 것에 후회하는 비율이 높다는 다른 조사도 이런 면이 반영된 것이 아닌가 싶습니다. 교사 우울 실태 연구로 인한 파장은 컸고, 인용도 굉장히 많이 되었습니다. 그래서 많은 교육청이 교원치유지원센터나 교권보호지원센터를 설치하고 운영하는 계기가 되었습니다.

2019년 10월 국정 감사에서 당시 바른미래당의 이찬열 의원이 각 시도 교육청을 통해 수집한 자료에 따르면, 2017년부터 2019년 8월까지 3년간 교원들의 심리 상담과 법률 지원 상담 이용 횟수가 전국적으로 1만 5,000건에 육박했다고 합니다.

유형별로는 심리 상담과 심리 치료의 경우 전국적으로 2017년

2,641건에서 2018년 3,836건, 2019년 3,449건으로 3년 새 30%가량 증가했고, 법률 상담은 2017년 1,437건에서 2018년 2,144건, 2019년 8월까지 1,445건으로 해마다 늘고 있다고 합니다. 지역별로 보면 대전이 2,395건으로 가장 많고 이어 광주(2,156건), 부산(1,881건), 경기(1,877건), 세종(1,157건) 순이었습니다. 특히 세종의 경우 2017년 54건에서 2019년 842건으로 15.5배나 증가했다고 합니다. 그런데 이는 각 교육청이 직접 운영 중인 교원치유센터의 심리 상담과 치료, 법률 상담 이용 현황만을 분석한 것이기 때문에, 외부 기관 상담이나 다른 종류의 교원 치유 프로그램 건수를 합치면 훨씬 더 많을 것으로 추정했습니다.

교사들의 자살도 늘고 있는가?

우울증의 임상적 중요성은 업무, 관계, 생활 등의 여러 부분과 연관되어 있지만 사회 정책적 측면에서는 자살 예방과 깊은 관련이 있습니다. 우울증에 대한 적절한 치료가 제공되지 않으면 자살이 증가하기 때문입니다. 자살한 사람들의 3분의 2에서 우울증 진단이 가능했고, 우울증을 앓는 환자들 중 적어도 10%는 자살로 생을 마감한다고 합니다.

2019년 5월 더불어민주당 김해영 의원실이 요구하고 언론에서 보

자살 원인	인원
우울증·정신적 문제	38
가정 문제	9
건강 문제	4
개인 사정	2
경제생활 문제	2
업무상 문제	1
기타(남녀 문제, 세월호 관련 등)	3
원인 불명	30

| 2013~2017년 교원 자살 원인 (단위: 명, 중복 포함) |

도한 바에 따르면 교사들의 자살도 2017년까지 늘고 있는 것으로 나타났습니다. 교육부가 제출한 자료에 따르면 2013년부터 2017년까지 5년간 스스로 목숨을 끊은 교육 공무원은 88명이라고 합니다. 2014년부터 2017년까지 4년간 교사 10만 명당 6.1명이 극단적인 선택을 한 것입니다. 이것은 10년 전인 2004년부터 2007년 사이에 3.1명이던 것에 비하면 약 2배 늘어난 수치입니다. 가장 최근의 자료는 아직 알 수 없지만, 그 수치가 더 늘어나지는 않았는지 걱정스럽습니다. 그리고 이 교사들의 자살 원인은 정신 건강 문제 즉, 정신과 질환, 주로는 우울증이었습니다.

우울증은 자살의 개인적 원인으로 가장 많이 지목됩니다. 여러 사회적 이슈가 제기되기도 합니다. 하지만 교사의 우울은 학교와 깊은 연관이 있을 수밖에 없습니다.

교사의 우울증, 공무상 재해로 인정되다

2020년 6월 서울행정법원은 교사의 우울증에 대한 공무상 재해를 인정하는 판결을 했습니다. 공무원연금공단에서 인정하지 않았던 공무상 재해로 인한 요양을 법원이 인정함으로써, 해당 교사는 학생의 폭행으로 인한 증상 발현과 우울증 발병 진단을 인과 관계 차원에서 인정받게 되었습니다. 이 뉴스도 많은 언론이 보도했고, 이제 교사들은 학생, 학부모의 교권 침해로 인한 질병이 발생했을 때 공무상 요양을 인정받을 가능성이 높아졌습니다.

이 사건 이외에도 공무상 발생한 질병으로 인정하지 않던 공무원연금공단의 판정이 번복되어 공무상 질병으로 인정된 사례가 있습니다. 이런 법원의 판결 경향은 현재 교사를 향한 학생과 학부모 들의 폭언, 폭행, 모욕, 명예 훼손 등이 심각하다고 법원에서 인식하고 있는 것이라 할 수 있습니다. 과거에는 인과 관계로 증명될 만한 상당한 수준의 증거를 제시해도 인정받기 어려운 판결들이 많았지만, 지금은 학교 현장에서 벌어지는 교사에 대한 여러 폭행의 수준이 질병을 유발할 수 있는 정도라는 공감대가 형성된 것으로 보입니다.

우울증의 진단 기준은 무엇인가?

우리가 흔히 언급하는 심각한 우울증은 주요 우울 장애(major depressive disorder)라고 부르는 상태를 말합니다.

이 주요 우울 장애의 진단 기준은 다음과 같습니다.

A_다음의 증상 가운데 5가지(또는 그 이상)의 증상이 2주 연속으로 지속되며 이전의 기능 상태와 비교할 때 변화를 보이는 경우. (증상 1 또는 2 중 하나는 반드시 포함되어야 함.) 단, 명백한 다른 의학적 상태로 인한 증상은 포함되지 않음.

* 하루 중 대부분 그리고 거의 매일 지속되는 우울한 기분에 대해 주관적으로 보고(예: 슬픔, 공허감 또는 절망감)하거나 객관적으로 관찰됨(예: 눈물 흘림). 단, 아동·청소년의 경우에는 과민한 기분으로 나타나기도 함.
* 거의 매일, 하루 중 대부분, 거의 또는 모든 일상 활동에 대해 흥미나 즐거움이 뚜렷하게 저하됨.
* 체중 조절을 하고 있지 않은 상태에서 의미 있는 체중의 감소나 증가(1개월 동안 5% 이상), 거의 매일 나타나는 식욕의 감소나 증가가 있음. 아동에서는 체중 증가가 기대치에 미달되는 경우도 해당됨.
* 거의 매일 나타나는 불면이나 과다 수면.

- 거의 매일 나타나는 정신 운동 초조나 지연.(객관적으로 관찰 가능. 단지 주관적인 좌불안석 또는 처지는 느낌만이 아님.)
- 거의 매일 나타나는 피로나 활력의 상실.
- 거의 매일 무가치감 또는 과도하거나 부적절한 죄책감(망상적일 수도 있는)을 느낌.(단순히 병이 있다는 것에 대한 자책이나 죄책감이 아님.)
- 거의 매일 나타나는 사고력이나 집중력의 감소 또는 우유부단함.(주관적인 호소나 객관적인 관찰 가능함.)
- 죽음에 대한 반복적인 생각(단지 죽음에 대한 두려움이 아닌), 구체적인 계획 없이 반복되는 자살 사고, 또는 자살 시도나 자살 수행에 대한 구체적인 계획.

B_증상이 사회적, 직업적 또는 다른 중요한 기능 영역에서 임상적으로 현저한 고통이나 손상을 초래하는 경우.

C_삽화가 물질의 생리적 효과나 다른 의학적 상태로 인한 것이 아닐 경우.

진단 기준 A부터 C까지는 주요 우울 삽화를 구성하고 있다.

중요한 상실(예: 사별, 재정적 파탄, 자연재해로 인한 상실, 심각한 질병이나 장애)에 대한 반응으로 진단 기준 A에 기술된 극도의 슬픔, 상실에 대한 반추, 불면, 식욕 저하, 그리고 체중의 감소가 나타날 수 있고 이는 우울 삽화와 유사하다. 비록 그러한 증상이 이해될 만하고 상실에 대해 적절하다고 판단된다 할지라도 정상적인 상실 반응 동안에 주요 우울 삽화가 존재한다면 이는 주의 깊게 다루어져야 한다. 이러한 결정을 하기 위해서는 개인의 과거력과 상실의 고통을 표현하는 각 문화적 특징을 근거로 한 임상적인 판단이 필요하다.

D_주요 우울 삽화가 조현 정동 장애, 조현병, 조현 양상 장애, 망상 장애, 조현병 스펙트럼 및 기타 정신병적 장애로 더 잘 설명되지 않는다.

E_조증 삽화 혹은 경조증 삽화가 존재한 적이 없다.

단, 조증 유사 혹은 경조증 유사 삽화가 물질로 인한 것이거나 다른 의학적 상태의 직접적인 생리적 효과로 인한 경우라면 이 제외 기준을 적용하지 않는다.

여기에 해당되는 조건과 기준을 만족할 때 주요 우울 장애로 진단하고 이에 따른 우울증 치료를 합니다. 하지만 우울증은 주요 우울 장애만 있는 것이 아니라 지속성(만성) 우울 장애(과거 기분 부전증이라 불렸던)를 포함해서 다른 아형의 우울증도 있다는 것을 알아두면 좋습니다.

우울증의 여러 특징과 치료

우울증의 모습은 다양합니다. 정도와 양상에 따라 우울증은 다양한 모양이 있고 그래서 스펙트럼 장애로 이야기할 때도 있습니다. 단기 우울증도 있고 양극성 장애(조울증)의 우울증 상태도 있고 만성 우울증도 있습니다. 짧고 깊이가 얕은 우울증도 있고 길고 깊이가 얕은 우울증도 있는 반면, 짧고 깊이가 깊은 우울증도 있습니다. 우울증은 다양한 형태를 가지고 있는 질병이라는 것을 알고 계셨으면 합니다.

그렇기 때문에 우울증의 정도와 길이, 양상에 따라 치료도 아주 다양합니다. 그렇지만 우리가 흔히 우울증이라고 할 때는 주로 주요 우울 장애를 가장 중심에 두고 생각하며, 주요 우울 장애의 진단 기준에 열거된 증상들을 주요 증상으로 생각합니다.

또한 우울증의 모습은 연령에 따라 달라질 수 있습니다. 소아 우울증, 청소년 우울증, 주부 우울증, 중년 남성의 우울증, 노인의 우울증이 각각 증상의 색깔이 약간 다를 수 있고 표현되는 형태도 다를 수 있습니다.

소아의 우울감은 불안과 구별하기 쉽지 않습니다. 우울을 말로 표현하기 어려우니 불안한 행동을 보이는 것으로 우울이 나타날 수도 있습니다. 청소년 우울증은 비전형 우울증이 비율상 조금 높다고 하는데, 비전형 우울증의 임상 양상은 어른들의 슬픈 우울증, 멜랑콜리

3부 소진과 상처를 넘어선 교사의 아픔들

한 우울증과는 신경생장적 증상이 거꾸로인 경우도 흔합니다. 즉 많이 자고, 폭식하고, 무관심하기보다는 예민하고, 감정 전염성이 나타나는 경우가 더 많다고 합니다. 주부나 중년 남성의 우울증에서는 슬픔, 공허함, 우울감 그 자체가 더 두드러질 수 있고, 노년의 우울증은 치매와 감별이 어렵기도 합니다.

우울증은 때로는 망상 그리고 가성 치매 같은 심각한 사고 혹은 인지 증상이 동반되기도 합니다. 우울증의 상태에서는 기분만 우울하고 다른 인지 증상이나 망상과 같은 정신병적 증상이 나타나지 않는 것이 아닙니다. 우울증이 심각해지면 죄책 망상, 빈곤 망상뿐 아니라 다른 사람에게 피해를 주었다는 생각이 망상 수준에 이를 수도 있습니다. 짧은 순간에 설득되지 않을 뿐 아니라 평소 학력이나 인지 수준에 부합되지 않는 생각을 할 수도 있습니다. 그리고 마치 지능이 떨어진 것 같은 상태에 이르기도 하고, 반응이 느려지고 멍해지는 등 주의력, 기억력이 떨어지고 정신 반응 속도가 느려지고 사고가 단절되거나 지연되는 증상을 보일 수도 있습니다.

우울증 상태 중 의사들이 약물 치료를 반드시 권하는 상태가 있습니다. 주요 우울 장애의 초기 증상 중 식욕, 수면, 불안, 자살 사고 등의 증상이 있으면 대부분의 의사들은 우울증 약물을 권합니다. 특히 위에 언급한 신경생장적 증상이 있을 때는 더욱 약물 치료를 권합니다. 그것은 단기적으로 주요 우울 장애의 증상이 면담이나 다른 조치로 호전되기는 어려운 신체적, 생리적 상태로 바뀌어 있기 때문입니다.

반면, 주요 우울 장애의 진단 기준에 해당하지 않은 가벼운 우울감은 약물 치료를 하지 않아도 호전되는 경우도 있고, 상담 치료만으로 좋아지는 경우도 있습니다. 이런 경우 엄밀하게 정신건강의학과 의사들이 말하는 주요 우울 장애가 아닌 경우가 많습니다. 우울감은 여러 다른 질환에서도 나타날 수 있기 때문입니다.

우울증을 치료하는 약물이 많이 개발되어 있습니다. 세로토닌이라는 물질을 중심으로 개발된 다양한 약제가 주로 1차로 처방됩니다. 본인의 여러 신체 상태, 심리 상태를 상담하면서 부작용이 적은 약물을 잘 선택하면 됩니다. 과거보다는 현저히 부작용이 줄어든 약물이 많습니다.

약물 치료를 제외하면 우울에 관한 생각, 부정적인 신념과 왜곡된 생각 들을 함께 교정하는 인지 행동 치료를 비롯하여 우울을 가져오는 대인 관계에서의 주요 이슈를 다루어 나가는 대인 관계 치료, 그리고 우울감과 관련된 심층적 의미를 탐색하는 역동적 정신 치료를 하기도 합니다. 최근에는 움직이지 않고 생각하지 않는 상태가 우울을 악화시킨다고 하여 행동 활성화 치료라는 방법도 제시되고 있습니다.

가장 많이 제공되는 면담 치료는 일반적으로 우울해진 사건이나 상황에 대해 위로받고 지지받고 조언을 받는 지지적 정신 치료입니다. 좋은 치료자를 소개받아서 협력하면서 치료를 잘 선택하면 또 좋은 결과를 얻는 것이 우울증 치료입니다.

학교에서 벗어나면
우울감이 사라져요

꾀병이 아니라 우울증입니다

최근 일본에서는 새로운 형태의 우울증에 대한 논의가 있습니다. 학생이나 젊은이 들 사이에 주로 나타나는데, 학교나 직장에 있으면 우울하고 하교하거나 퇴근하면 증상이 개선되는 현상입니다. 그동안은 "그런 건 꾀병이지, 어떻게 그럴 수가 있냐." 하고 묻는 분들이 많았는데, 지금은 그럴 수도 있다는 논의를 하고 있는 것이지요. 인간은 원래 환경의 동물이니까요.

최근 일본의 젊은 세대들에게 나타나는 우울증의 양상은 전통적인 슬픈 우울증, 멜랑콜리형 우울증과는 양상이 다릅니다. 중증의 우울증은 아니지만 잘 낫지 않고 때로 학교생활이나 직장 생활이 어려울 정도로 발전하기도 합니다. 꾀병이나 게으름 혹은 나쁜 성격처럼 보이지만 실제로는 그보다 더 심각한 상태로 판명되는데, 환자를 이해하지 못하는 주변 사람들로 인해 논란이 많다고 합니다. 이런 유형의 우울증에 대해 일본의 여러 정신과 의사들은 현재 '신종 우울증', '사회적 우울증'과 같은 용어를 고려하며 연구하고 있습니다.

학교 밖에서 잘 지내도 우울증일 수 있습니다

제가 상담했던 선생님들 중에도 학교에 가면 긴장되고 숨 쉬기도 불편하고 신경 쓰이는 시선들로 인해서 감옥에 갇혀 있는 기분이 들어 우울해진다는 분이 계셨습니다. 그리고 학교에서 벗어나면 훨씬 편해지고 그제야 숨이 쉬어진다고 하셨습니다. 이런 상황이 반복되니, 더 우울해지고 몸도 힘들어지고 학교에 있는 동안 자해 충동까지 생겨서 학교에 병가 진단서를 내고 쉬게 되었습니다. 하지만 학년 부장과 휴직에 대해 상의하는 과정에서 꾸지람을 잔뜩 듣고 비난을 받는 일이 있었고, 그런 상황에 더 충격을 받았다고 합니다. 그 관계가 불편해져서 학교를 더욱 나갈 수 없게 되었다고 합니다.

병가를 내고 학교에 가지 않는 동안 SNS도 재미있게 하고, 다른 교사들과의 그룹 활동도 지속했다고 합니다. 이를 알게 된 학교의 선배 교사들 사이에서는 이 선생님의 우울과 불안 증상에 대해 신뢰할 수 없다는 분위기가 조성되었고, 그 선생님이 성격 장애가 있다는 식으로 몰고 갔다고 합니다.

교무회의에서 병가를 낸 선생님의 성격 장애 등이 논의되었다는 이야기가 전해지자, 그 선생님은 학교 적응에 대한 생각이 더 힘들어졌고 관계를 풀어 나갈 자신감이 사라져 우울이 더 심해졌다고 합니다. 결국 병가를 더 연장할 수밖에 없었습니다. 그뿐 아니라 아예 탄원서를 써서 학교를 옮기는 절차를 진행하고 싶다고 했습니다.

상담을 하면서 차츰 알게 되었던 것은 이 선생님이 학교에서 받는 스트레스의 대부분은 관계에 대한 스트레스였다는 것입니다. 여러 선생님과의 관계, 관리자와의 관계 등에서 다양한 스트레스를 받고 있다는 것을 추후 면담에서 알게 되었습니다.

모두가 심각하고 모두가 죽으려고 하는 것은 아니다

중요한 것은 우울증 양상은 다양하고 발현되는 증상도 다양하다는 것입니다. 또한 증상이 있어도 사람들이 증상을 견디면서 활동하는 방식은 다양합니다. 아이들도 마찬가지이고, 젊은 선생님들도 마찬가지입니다. 우리나라에서도 우울증과 관련해 베스트셀러가 되었던 책의 제목이 『죽고 싶지만 떡볶이는 먹고 싶어』이지요. 이런 정서가 바로 신종 우울증의 정서입니다. 비장하고 웅장하고 슬픔과 애통함으로 채워진 '꼰대' 선생님들의 완벽한 우울증과는 다른 우울 정서입니다.

한 선생님이 우울증 진단을 받고 병가 서류를 제출한 뒤에 여행을 다녀왔는데 그 일로 교육청에서 전화를 받게 되었습니다. 우울증을 앓고 있을 때 여행이 가능하냐는 질문이었고, 선생님은 우울증을 치유하기 위해 여행을 갈 수도 있다고 답변했습니다.

이 신종 우울증, 사회적 우울증을 가지고 있는 학생이나 20~30대 교사들에게서 나타나는 특징은 대부분 학창 시절의 트라우마, 지금 하고 있는 일에 대한 낮은 자부심, 그리고 현재 대인 관계에서의 인정에 대한 불안이 있다는 것입니다. 이것을 잘 극복하도록 도우면, 특히 그중에서도 인간관계에서의 인정과 사랑을 도우면 그 장소에 있는 것이 덜 불편해지므로 훨씬 호전이 빠르다고 합니다. 물론 좌충우돌은 계속되겠지만 말입니다. 트라우마를 잘 다루거나 잠시 잊기, 소속감을 되찾고 자부심을 갖기, 대인 관계에서 사랑받기, 환대에 기초한 소속감의 증진과 자부심의 증대, 그리고 여러 다양한 개성 있는 할 일들이 젊은 교사들의 신종 우울증을 회복하도록 도울 수 있는 좋은 방편입니다.

6

조력자
증후군

내과에서 시술을 마치고, 정신건강의학과로 오신 김 선생님은 이번에는 굳은 결심을 하셨다고 합니다. 김 선생님의 결심은 다음과 같은 것이었습니다.

"정말 열심히 사는데 도대체 왜 보람, 뿌듯함, 충만함보다 육체적 질병과 공허함만 자꾸 쌓이는지 알 수가 없습니다. 사랑, 최선, 헌신. 교사가 되어서 이런 좌우명에 금을 그어 놓고 조금도 벗어난 적 없이 살았고, 새벽부터 밤늦게까지 몸 아픈 것을 모를 정도로 아이들과 학교, 대한민국 교육을 위해 살아왔는데, 그렇게 벌써 20년인데…."

불규칙한 식사와 수면, 반복된 스트레스로 인하여 위궤양이 호전

> 나는 교사다.
>
> 교사는 누군가를 이끌어 주는 사람이다.
>
> 여기엔 마법이 있을 수 없다.
>
> 나는 물 위를 걸을 수 없으며, 바다를 가를 수도 없다.
>
> 다만 아이들을 사랑할 뿐이다.
>
> _마바 콜린스(미국 교육자)

과 악화를 반복해도, 이를 걱정하는 가족들과 승강이가 벌어져도 아랑곳하지 않으면서, 어찌 보면 가족보다 학급 아이들과 선생님들을 더 챙기면서 살아왔는데 왜 이런 감정들이 선생님을 괴롭힐까요?

그러던 어느 날, 한 강좌에서 자신의 상태에 대한 이야기를 들었다고 합니다. 겉으로는 아이를 위하는 것이고 남들이 보기에는 무모한 희생이지만 배후에는 자신의 전능함을 입증하고 싶은 마음, 혹은 자신이 받지 못한 돌봄에 대한 결핍이나 자신을 스스로 돌볼 줄 모르는 자기 돌봄의 결핍 등이 있을 수도 있다는 등의 이야기를 들으며 처음에는 본인과 상관없다고 부정했지만, 강연 후에도 자꾸 그 이야기가 머릿속에서 맴돌았다고 합니다. 검색도 해 보고 책도 보다가 아무래도 자신이 조력자 증후군(helper's syndrome)에 해당되는 것 같다고 하셨습니다.

조력자 증후군이란?

1970년대 초중반 독일의 심리학자 볼프강 슈미트바우어는 주로 교사, 사회 복지사, 의사, 간호사와 같은 직업의 사람들이 소진이 되거나 혹은 재교육받는 곳에서 집단 상담을 이끌고 있었습니다. 그 과정에서 그는 열심히 일해 왔다고 알려진 사람들 중에서 독특한 그룹을 발견했습니다.

그 그룹은 자발적 결단과 즐거움 속에서 헌신하는 것이 아니라 하나의 성격적 방어로, 드러나지는 않지만 내면의 의무감으로, 그리고 노골적으로 요구하지는 않지만 사람들에게 인정받고 싶은 욕구 속에서 자신을 희생하는 사람들이라는 특징이 있었습니다.

그들은 회사 방침 때문에 혹은 재교육 프로그램의 시기가 되어 참여했지만 이 시간을 온전히 누리거나 편안하게 여기지 못했고, 빨리 다시 자신의 일자리로 복귀해야 한다는 조바심까지 보였습니다. 슈미트바우어는 이후 이러한 특성을 보이는 사람들을 더 연구하여 1977년 『무력한 조력자』라는 제목으로 책을 출간했습니다. 이 책에서 그는 이러한 현상을 '조력자 증후군'으로 설명하였습니다. 물론 진정으로 이타적인 사람들과 조력자 증후군인 사람들의 구별이 어려운 경우도 있고, 자칫 선량한 이타주의자를 오해할 소지도 있어서, 함부로 '조력자 증후군'을 남발해서는 안 된다는 신중함도 밝히고 있습니다.

제 생각에 교직은 조력자 증후군의 유혹이 큰 직업입니다. 많은 학생을 혼자 떠맡고 있다는 사실 그 하나만으로도 자극이 되고, 특히 자신의 성장 과정에서 도움을 받지 못했고 그 상처가 잘 치유되지 않은 경우 조력자 증후군이 더 잘 나타나게 됩니다. 조력자 증후군인 사람들의 특징은 다음과 같습니다.

—끊임없이 타인을 도와주려고 하고, 아주 어렵고 힘든 상황에서도 다른 사람을 도와주려고 한다.

—타인을 도와주는 것에는 발 벗고 나서지만, 정작 자신과 자신의 가족이 요청하는 도움에는 냉담하다.

—다른 사람들에게 도움을 받으라고 권하지만, 정작 본인은 도움을 받아야 할 때 타인의 도움을 받지 않는다.

—깊은 애정을 가지고 있는 것처럼 대하지만 개인적 관계 혹은 업무 이외의 상황에서는 친밀하지 않다.

—본인이 애써서 준비하고 마련한 도움을 거절하거나 마다할 경우 매우 못마땅해하거나 화를 낸다. 사실 강요에 가깝다고 해야 할 것이다.

―조력(도움)을 주는 과정에서 비난이나 홀대를 받으면 분개하며, 자신을 인정해 주지 않음에 대해 아주 불편해한다.

그래서 조력자 증후군이 있는 이는 동료 교사들과 마찰이 생기기도 합니다. '우리 학교에 계시는, 그 '오버'하는 선생님 아닌가?' 하며 머릿속에 스치는 분들이 있을지도 모르겠습니다. 그럴 수도 있고, 아닐 수도 있습니다.

조력자 증후군이냐 아니냐의 중대한 판별 기준은 주변 사람과 친밀함을 유지하는가, 자기 돌봄을 수용하고 실천하는가, 실제 가족 등 주변 사람들을 보살피고 챙기는가, 도움의 경계에서 절제하고 수용할 수 있는가, 주변의 지적을 수용하는가 등으로 알 수 있다고 합니다.

조력자 증후군은 어떤 경우에 잘 생기는가?

슈미트바우어가 인터뷰한, 조력자 증후군에 해당되는 사람들은 어찌 보면 모두 착하지만 강박적이고 지친 사람들이었고, 항상 무엇을 해야만 하는 사람들이었습니다. '하지 않으면 큰일 날 것 같은 생각과 감정을 가지고 있는 사람들'이었지요. 정신 분석가 카렌 호나이가 '당위의 폭군'이라고 불렸던, 'Should의 노예들'이라고 할 수 있는 사람들입니다. '해야만 하는 것들'이라는 큰 바위에 짓눌려 있는 이 사람들은 '그렇게 하지 않으면 안 될 것 같은 이유'를 밝혀야만 치유가 될 수 있습니다.

하지만 이들은 어른이 되면서, 오래전에 받은 트라우마를 위장하고 변조하고 혹은 세련되게 방어할 줄 알게 되었기 때문에, 좋은 치료자와 깊은 상담을 하거나 방어를 풀어도 안전하다고 믿을 만한 안내자와 성찰의 여정을 같이 걷지 않으면 그 이유를 알기는 쉽지 않습니다.

슈미트바우어는 조력자 증후군인 이들을 짓누르는 원인을 다음과 같이 들었습니다.

─영유아기 혹은 초기 아동기에 부모로부터 반복적으로 거부를 경험함.

─자신의 자아를 초자아와 동일시하기.

─숨겨진 구강기적, 자기애적 욕구.

─처리되지 못한 공격성의 간접적이고 위장된 분출.

─친밀함에 대한 두려움과 이로 인한 방어.

이 다섯 가지 이유는 시간상의 흐름이 있다고 봐도 무방한데, 그 시작은 아동기에 부모가 자신을 인정해 주고 사랑해 주고 자신에게 관심을 주지 않았던 경험, 그 차가운 거부의 경험을 처리하는 과정에서 시작됩니다. 부모가 거부한 이유를 아이가 자신의 착하지 못함으로 해석하고 자신의 자아를 초자아와 동일한 수준으로 높여서 자신에게 과도하게 이상적이고 훌륭한 요구를 하는 것입니다. 그러면서 사랑받고 싶은 욕구가 억압되고, 그 과정에서 제대로 충족되지 않은 애정 욕구나 만족 욕구는 직접적으로 표출되지 않고 간접적인 방식으로 혹은 수동-공격적 방식으로 표현됩니다. 그리고 커 가면서도 자신의 내면에 있는 이 거부된 아이가 충분히 인정받거나 사랑받지 못할까 봐 두려워 사람들과 개방적이고 깊은 친밀함을 맺지 못하지요. 인정받고 사랑받으면 조금씩 나아질 수 있지만 문제는 엄격해지고 비대해진 초자아의 욕구도 높아져서 쉽게 만족할 수 없기에 좀처럼 자신을 수용하거나 사랑하거나 쉽게 해 줄 수 없는 것이지요. 몸에 병이라도 나야 자신을 쉽게 할 수 있습니다. 그래서 이런 조력자 증후군을 가지고 있는 분들에게 신체 질환이 생기는 경우가 많습니다. 신체 질환은 헌신을 상징하는 영광의 상처이기도 하면서 동시에 자신의 가혹한 초자아가 쉼을 허락하는 유일한 피난의 시간이 되기도 합니다. 정말 가혹한 굴레라고 할 수 있습니다.

조력자 증후군은 어떻게 치유될 수 있을까?

김 선생님의 내과 치료는 이제 거의 끝났습니다. 다행히 위궤양은 거의 완벽하게 회복이 되었고 정기적으로 내시경 검사를 받기로 했습니다. 저와의 상담도 성실하게 받으셨고 책 읽기, 기록하기 등의 과제도 성실하게 하셔서 진지한 치료 과정이 되었습니다.

이제 김 선생님은 자신이 조력자 증후군에 해당된다는 것을 인정하고 수용할 수 있다고 하셨습니다. 그간의 삶에서 여러 번 반복된 고통으로 이제 너무 지쳐서 더 이상 저항할 수가 없고, 지금 겪고 있는 우울증의 고통도 너무 심각하다고 했습니다. 가장 고통스러운 것은 자신이 그동안 아이들을 도운 것, 많은 교사의 비난을 무릅쓰고 아이들의 편에 섰던 것, 다른 선생님들은 안 하는 것까지 자신이 하겠다고 나섰던 것, 진정한 교사는 마지막까지 해야 한다고 생각했던 것 중에 옳았던 것도 있었지만 지금 와서 회고해 보니 틀렸던 것도 꽤 많았음을 인정하는 것이라고 했습니다.

얼굴이 화끈거리고 심장이 타들어 간다고 하셨습니다. 그것이 자신의 이타성이기 전에 하나의 성격적 방어였고, 그렇게 하지 않으면 안 되는, 마치 내면에 엄마에게 혼날 것 같은 아이가 있어서 혼나지 않기 위해 했었던, '하지 않으면 안 될 것' 같은 불안이었음을 알게 되었다고 하셨습니다. 즉 내가 도와주려고 했던 것은 그 아이의 이익을 위한 것이 아니라 내 불안, 내 심리적 안정, 내가 인정받고 싶은 욕구를 위해서였다는 것이 부끄럽다고 하셨습니다. 또 그것을 사람들이 알게 될까 봐 괴롭다고 하셨습니다. 반면 천만다행으로 이제라도 자신에 대해 이해하고 자신의 마음과 새로운 기준을 가늠할 줄 알게 되어 전보다 훨씬 실수를 줄일 수 있을 것 같아 조금은 안심이 된다고 하셨습니다.

그리고 정말 큰 기쁨은 이제야말로 제대로 도와줄 수 있게 된 것이라고 하셨습니다. 도움을 받을 아이의 입장에 서서, 그 아이가 필요한 것을, 그 아이의 속도에 맞추어, 주변의 시선과 무관하게, 내가 받을 보상에 연연하지 않고, 도와줄 수 있는 자유로움이 생겼다고 하셨습니다. 도움에 대한 강박적인 압력에 시달리지 않을 자유도 생겼고, 때로는 도와줄 수 없음을 고백하는 용기도 생겼다고 하셨습니다. 마지막으로 김 선생님의 성장을 확실히 알 수 있었던 것은 자신을 위한 시간, 그리고 가족들과의 시간을 소중히 여기는 태도였습니다. 자신을 돌볼 줄 알게 된 것, 그것이 중요한 치유의 증거였습니다.

조력자 증후군의 치유는 자신에게 명령하는 마음속의 혹독한 초자아가 사라져야 가능합니다. 자신이 잘하고 있고, 충분히 인정받고 있으며, 또한 자신이 사랑받고 있고, 사랑받을 만한 존재라는 차원에서 자아와 초자아의 수정이 있어야 합니다. 사실 이것은 단지 머리로 되는 일은 아니지만, 그래도 이해가 되면 더 쉽기는 합니다. 주변에 좋은 가족들이 있으면 더 쉬워질 수도 있습니다. 정서적으로 지지받고 진실로 사랑받을 수 있으니까요. 무엇을 해서 사랑받는 것이 아니라 우리 모두는 다 존재 자체로 사랑받는 것이니까요. 이 단순한 진리로 인하여 치유받는 경우가 많습니다. 우리를 사랑해 주는 가족과 친지들로 인하여 우리는 회복되기 시작합니다.

추가적으로 환경의 조정도 필요합니다. 혼자 나서지 않기 위해서는 학교에서 도움을 줄 때 집단의 약속이나 조건을 따르기로 하고,

예외를 가급적 줄이고, 본인만이 도와줄 수 있다는 전능한 구제 환상으로부터도 깨어나야 합니다.

그리고 아주 현실적인 도움을 구체적으로 협의할 수 있는 마음가짐을 가지고 상대방의 입장에서 생각하는 훈련을 해야 합니다. 개인적인 자원이 아니라 제도적 자원을 활용하는 것을 더 우선시해야 합니다. 예전에는 본인 주머니에서부터 시작하는 습관이 있었다면 그것부터 고치는 것도 중요한 일 중 하나입니다.

끝으로 공과 사를 잘 구분하는 것은 조력자 증후군 회복의 중요한 징표입니다. 사적인 희생을 당연시하고, 무료로 해 주고, 시간을 더 써 주기로 하고, 봐주고, 특별한 관계를 맺고, 집으로 데려오고, 가족처럼 지내자고 하는 것 등을 신중하게 생각하게 되었다면 좋아지고 있는 것입니다. 아무리 좋은 선생님도 가족의 역할을 잠시 기능적으로 대행하는 것은 가능하나 가족이 되어 주는 것은 불가능합니다. 그런 마음을 갖는 것은 구제 환상입니다. 모두에게 상처를 남기는 일입니다.

도와주고 싶은 내 마음이
지나친 것은 아닐까요?

다음 질문은 『하버드 비즈니스 리뷰』에 실린, 과도한 도움을 진단하는 가벼운 질문입니다. 한번 이 질문에 진지하게 답을 해 보시기 바랍니다. (이 질문지는 학술적으로 개발되거나 임상적으로 검증된 것은 아닙니다.)

1. 도움을 줄 수 있는 상황에서 다른 사람들을 돕지 않을 때, 불안을 느끼거나 목적을 상실한 기분을 느낀다.

2. 단지 '그냥 도움이 되려고' 일상적인 모임이나 상황에서 다른 사람들이 부탁하지 않아도 조언을 하곤 한다.

3. 사람들이 어떤 문제를 상의하지 않거나, 본인이 도움을 줄 수 있음에도 불구하고 청하지 않았을 때 무시당했다는 기분을 느낀다.

4. 타인에게 무언가 인생을 바꿀 수 있는 조언을 해서 도움을 주는 상상을 해 본 적이 있고, 내 도움이 타인의 성공에 큰 도움이 되기를 강력히 바란다.

5. 사람들이 나에게 질문을 하지 않거나 내 조언을 듣지 않을 때 불안감과 소외감을 느낀다.

6. 사람들에게 도움을 주고 칭찬을 받고 싶고, 내 도움을 인정해 주기를 바란다.

7. 사람들에게 도움을 주기 위해 나 자신을 희생했고 때로는 사람들이 나를 이용할 때도 있다고 느낀다.

위의 질문 중 한두 개에 '예'라고 대답했다고 너무 걱정할 필요는 없지만 거의 모든 질문에 '예'라고 대답했다면 자신의 과도한 도움과 지나친 인정에 대한 욕구를 진지하게 검토해 볼 필요가 있습니다.

4부

스스로 그리고 함께
치유하는 교사들

1
교육 현장에서
나와 우리를
잘 지켜내려면

기대와 실망, 인내심과 낙관

우리 교육의 중심과 방향에 관한 논의가 쉽게 합의에 도달하기는 불가능해 보입니다. 무엇이 옳은가에 관한 논쟁이 지속되고 있습니다. 오랫동안 '입시 중심의 경쟁 교육'에서 벗어나기 위해 노력했지만 기대한 만큼의 성과는 내지 못하고 있습니다. 그리고 이 과정에서 교사들은 상처받고 아픔이 커집니다.

교육 현장의 변화는 교사들의 기대에 제대로 부응한 적이 없습니다. 하지만 정권의 성향과 무관하게 시대의 요청에 따라 조금씩 변화를 수용해 왔습니다. 교사들의 노력, 투쟁, 학부모들의 요구와 참

> 나 자신의 마음 상태는 이 두 가지 감정을
> 모두 종합하고 그것들을 넘어서고 있지.
> 나의 지성은 비관주의적이지만 나의 의지는 낙관주의적이란다.
> 어떤 상황이건 나는 모든 장애물을 극복하는 데 내가 비축해 놓은
> 의지력을 이끌어 내기 위해 최악의 경우를 염두에 두고 있단다.
> 나는 절대로 환상을 가지지 않기 때문에 실망하는 일도 없어.
> 나는 언제나 끝없는 인내심으로 무장되어 있단다.
> 그건 수동적이고 활력 없는 인내심이 아니라
> 끈기 있는 노력과 결합된 참을성이야.
>
> _안토니오 그람시(이탈리아 철학자, 정치인)

여, 학생들의 반응이나 상태, 경향, 그리고 복잡한 사교육계와 정치적 사건 등에 따라 예견하기 어려운 변화들이 있었습니다. 우리가 이해할 수 있는 방식으로 일어난 변화도 있고, 우리의 이성으로 납득하기 어려운 것이었지만 정치적으로 혹은 여론으로 인해 일어난 변화도 있습니다. 진보적 성향의 교육감들의 정책이 학교를 보수화하기도 했고, 또 보수 정권에서 민주적 방향으로 진일보한 교육 정책이 선택되는 역설도 있어 왔습니다. 이 알 수 없는 정책과 그 결과들이 또 교사들에게 큰 상처가 되곤 합니다.

수많은 사상가, 정치가, 교육 개혁가 들은 국가 주도의 공교육을 불합리하고 비이성적이라고 비판하고, 학교라는 조직을 관행과 관

료성의 비곗덩어리들이 잔뜩 끼어 있는 조직으로 폄하해 왔습니다. 그 과정에서 바뀐 부분이 없는 것은 아니지만, 현장을 모르는 개혁가들의 비판은 부모나 교사에게 저항을 불러일으키기만 하거나 해프닝으로 끝나는 일도 있었습니다. 교육 시스템을 일구고 그 안에서 사는 교사들은 이런 과정에서도 무수히 상처를 받습니다.

이제 학교라는 조직은 변화를 거듭하여 사람들이 생각하는 것 이상으로 복잡한 세력과 영향에 좌우되고, 최근에는 병원처럼 다학제, 다직종의 복합 조직이 되었습니다. 여러 계통의 직업과 직군이 얽히고설킨 조직으로 직역, 직종 간의 갈등도 심상치 않습니다. 흔들리는 갈대 같은 복잡한 학교 조직의 한 구성원으로 살아가는 교사들의 상처는 더욱 난치성 질환이 되기 시작합니다.

그래서 교사들은 기대하기보다는 낙심하고, 집단화하기보다는 개인화하고, 낙관적이기보다는 비관적이거나 냉소적인 방향으로 가기가 쉽습니다. 갈등을 회피하고, 부정하고, 도주하며, 학교 건물과 교실의 칸막이처럼 교사들 개개인도 마음의 벽을 쌓고 자신의 수업, 취미 생활, 가정 등으로 달아나는 일도 흔합니다.

하지만 집단적으로 낙심하고 포기하면 아무 변화가 일어나지 않고 희망은 더욱 사라지게 됩니다. 이탈리아 사상가 안토니오 그람시가 말한 것처럼 기대를 하되 인내심으로 무장하고, 학교라는 진지 속에서 매일매일 하나하나 이루어 나가는 경험이 소중합니다.

작은 학교 자그마한 내 교실에서 학생들과 함께, 여러 선생님들과 함께 힘을 합하여 끈질기게 해내는 과정, 그 과정 자체가 우리에게 행복과 사랑, 치유의 경험을 제공할 가능성이 높습니다. 교사와 학생과의 관계가 사회와 연결되고, 동시대에 참여하는 주체가 될 때 교사와 학생은 함께 앞으로 나가며 새로운 교육적 영토를 확보할 수 있습니다. '이성은 비관적이지만, 의지는 낙관적이다.'라고 옥중에서 전한 그람시의 태도 속에 우리 자신을 치유하는 기본 메시지가 있다고 생각합니다.

1998년 미국 '올해의 교사상'을 수상한 필립 비글러는 수상식에서 "교사가 된다는 것은 영원한 낙관주의자로 살아야 한다는 것이다."라고 하며, 이 말은 맥린 고등학교 전 교장인 엘리자베스 노달이 그에게 전해 준 지혜이니 노달에게도 박수를 보내 줄 것을 요청했습니다. 교사는 아이들과 함께 미래를 준비하는 사람이니, 나쁜 미래를 오게 할 수는 없는 운명을 지녔다고 할 수 있습니다.

제도와 구조의 치유가 개인의 치유로

교사의 삶을 치유하는 데 있어, 제도와 구조의 치유는 매우 중요합니다. 제도와 구조의 치유, 교육 환경의 치유는 교사 개개인의 참여를 기반으로 교사 집단이 함께해야 가능합니다. 그리고 노동조합을 통하여, 학술 활동을 통하여, 시민 단체와의 연대를 통하여 치유가 가능합니다. 현재 사회적 치유는 끊임없이 시도되고 있습니다.

그런데 그동안 제도와 구조를 치유하는 과정에서 정작 교사가 대상이 되고 소외되는 일이 많았습니다. 교육 제도와 구조를 치유하는 과정에서 교사가 주체가 되는 것은 큰 기쁨이자 성취가 될 것입니다. 그러려면 더욱 조직화하는 것이 유일한 희망입니다. 미국 시민운동가의 대명사로 불리는 사울 알린스키는 조직화가 가장 큰 자산이라고 했습니다. 다양한 교사들의 조직, 공동체, 교사를 지지하는 사회 집단들과의 연대를 통한 조직화와 연대가 치유를 위한 전제가 될 것입니다.

제도와 구조에 대한 치유의 우산 아래서 교사 개개인의 치료도 더 잘될 수 있습니다. 치료 제도의 마련, 지원, 충분한 치료를 받을 수 있는 권리, 탈소진과 트라우마 예방에 대한 연구와 지원, 제도화에 대한 제안 등은 개개인 교사가 할 수 있는 일들이 아닙니다. 이미 교육청, 교원 노조 등을 통해 교사 개개인에 대한 치유책이 조금씩 마련되고 있고, 안식년 제도, 연구년 제도 등 쉼과 회복, 연구를 위한 좀 더 나은 제도들이 검토되고 있습니다. 모든 교육청은 교권 보호와 교사 치유에 관련된 기구와 방안 들을 갖추기 시작했습니다. 물론 충분한 만족도나 효과를 논하기에는 아직 이르고, 그러기에는 치유 경험도 부족합니다. 하지만 그런 여건을 마련하는 것 자체가 뚜렷하게 내딛은 한 걸음입니다. 이제 남은 문제는 이런 제도와 기구들이 교사 개개인의 치유에 실질적으로 도움이 되도록 잘 고안하고 평가하고 운영하는 일입니다.

산적한 업무, 잘 분화되거나 협업되지 않은 업무들로 인한 과로와 갈등, 소진, 현장에서의 다양한 직접적 트라우마, 갑질과 괴롭힘, 학생들과 학부모를 돌보면서 생기는 도덕 손상, 공감 피로, 대리 외상, 울분, 예상치 못한 감정 노동과 스트레스는 교사들의 삶을 왜곡하고 교사들에게 상처를 주고 있습니다.

이러한 상처들을 어떻게 개인적, 혹은 조직적으로 치유할 수 있을지 깊게 다루어 보겠습니다.

다시 점검해 보는 교사의 스트레스 스펙트럼 열 가지

1. 가르침의 스트레스

가르치는 일은 교사의 스트레스와 연관된 건강 문제에 가장 큰 부분을 차지한다. 가르치는 일은 최고로 힘든 노동 중 하나이다. 특히 동기가 없거나 무기력한 대상, 배움을 원치 않는 사람들을 가르친다는 것은 중노동이다.

2. 관계의 스트레스

교직은 사람을 대하는 다른 업무와 비교해 봐도 독특한 면이 있는데, 이는 "교직 수행이 특히 중요하게 여기는 것이 다른 분야와는 견줄 수 없을 정도로, 학생이라는 존재와 아주 장기적이고 의미 있는 연결을 깊게 맺는 것"이기 때문이다.

3. 이차 스트레스와 공감 피로

교사들은 매일 되풀이되는 아이들의 공포와 고난의 이야기에 귀를 기울이지만, 안타깝게도 아이와 교사 모두에게 회복을 위한 시간이 충분히 주어지지 않는다. 점차 듣는 것도 힘들어지고 공감도 어려워진다.

4. 감정 스트레스 및 직접적 공격

더군다나 교사들은 학생과의 고통스러운 대화와 마주하면서도 학교라는 곳에서 적절하다고 여겨지는 제한된 범위의 감정 안에서만 일을 처리해야 한다. 즉 화를 함부로 내서도 안 되고, 아이들에게 압도되거나 울어도 안 된다.

5. 도덕 손상

올바르지 않다고 생각되는 일도 상부 교육 기관이나 상급자의 지시에 의해 어쩔 수 없이 해야 한다. 하지만 학생들에게 반교육적인 행정 명령을 따르도록 하는 것은 교사에게 심리적인 충격과 후유증을 크게 남긴다. 비양심적인 사람이 되어야 한다.

6. 동기 부여의 실패에 따른 무능감과 상처

말 안 듣고, 무기력하고, 학교라는 제도에 저항하는 아이들과의 관계에서 번번이 성공하지 못하는 무능감을 견디는 것과 이로부터 받는 상처는 교사 자신의 유능감을 파괴한다. 본인 자신의 인간적 유능감을 파괴당하는 경우에는 우울감도 깊어진다.

7. 학부모나 상급자로부터 오는 상처

가르침과 배움 이외의 여러 요인들이 교사의 삶을 힘들게 하고 교사에게 상처와 어려움을 준다. 부당함과 함께 괴롭힘, '갑질' 등에 따른 상처는 영혼을 굵게 한다.

8. 과다한 업무로부터의 번아웃

과다한 업무, 비합리적인 업무 배분과 직능 간의 불합리한 업무 조정 등 으로 인해 소진될 뿐만 아니라 울분도 쌓인다.

9. 대리 외상

힘든 아이들, 학부모들의 이야기를 듣고 겪어 내면서 본인 자신의 신념 이나 가치 체계에도 도전을 받거나 변화가 온다. 간혹 세상이 싫어지기 도 한다.

10. 정서적 질환

우울, 불안, 울분, 불면 등 다양한 정서 질환과 외상 후 스트레스 장애 등 에 시달린다.

2
소진은
개인의 문제가
아니다

나를 치유하려면 우리가 되어야

교사들의 소진과 트라우마의 치유에 대한 첫 번째 화두는 '나'라는 개인의 관점에서 벗어나야 '나'를 치유하는 것이 가능하다는 것입니다.

한병철의 『피로사회』를 비롯한 여러 저서에서는 현대 사회에서 개인들이 공동체의 일원이 아니라 파편화된 한 불완전한 조각이 되었다고 지적합니다. 그래서 문제를 개인으로 끌고 들어와 개인을 끊임없이 착취하고 개인을 다그쳐서 '성과'를 내려고 하고 그 과정에서 필연적으로 '우울증'이라는 질병을 만나고, 그 결과 더욱 마모되

4부 스스로 그리고 함께 치유하는 교사들

> 동료 간에 서로를 물고 뜯는 분위기에서
> 고도의 집중력을 요하는 업무를 하고 있는 사람이라면,
> 그는 지금 두 개의 전쟁을 동시에 치르는 중이고,
> 머지않아 아플 가능성이 높다. ""
>
> _요아힘 바우어

고 쓸모없게 된다는 것입니다.

학교에서 한 사람의 교사에게 소진이 오는 것은 그 교사가 완벽하지 못했기 때문이 아닙니다. 혹은 그 교사는 열심히 일했는데, 다른 교사들이 열심히 하지 않아서도 아닙니다. 지금의 구조가 소진을 창출하는 구조를 가지고 있기 때문입니다.

그러므로 소진과 트라우마로부터 벗어나기 위한 첫 번째 과업은 관점의 변화입니다. 심리학자 매슬랙은 소진된 사람들이 가지고 있는 특징이 소진의 문제를 자기 문제로 보는 것이라고 이미 지적한 바 있습니다. 매슬랙은 소진에서 벗어나려면 나의 문제가 아닌 나를 둘러싼 환경으로 시선을 돌려야 한다고 주장합니다.

"소진은 사람들 자체의 문제가 아니라 사람을 둘러싼 사회적 환경의 산물이다."

소진으로부터 탈출하고 트라우마로부터 벗어나기 위한 기본 방향은 소진의 구조적 요인을 개선하는 것에서 시작할 수 있습니다. 매슬락이 말한 소진의 요소들에서 새로운 가치를 찾기 위한 방향으로 나아가야 합니다. 매슬랙은 여섯 가지 소진 요소들에 대한 대안적 가치를 제시합니다. 하지만 그것을 현실에서 조성하고 실현하는 과정은 쉽지 않을 수 있습니다.

1. 과도한 업무 → 적절한 업무
2. 통제력 없음 → 선택 가능, 조절 가능
3. 불충분한 보상 → 인정과 보상
4. 공동체 붕괴 → 동료성 회복
5. 부당함 → 공정함
6. 가치 갈등 → 의미 부여

업무, 권한, 보상, 공동체성, 공정함과 의미를 추구할 수 있는 환경을 만들도록 관점을 전환해야 소진을 제거하거나 예방할 수 있습니다. 이 과정은 개인에 의해 이루어지기는 어렵습니다. 나 개인의 문제가 아니라 우리의 문제로 바라보고 소진을 일으키는 환경을 구조적으로 조정하려는 노력을 함께해야 합니다.

그러므로 내가 지쳐 가고 있다면, 내가 학교 업무에서 반복적인 트라우마에 노출되고 있다면 내가 더 열심히, 죽도록 더 열심히, 나를 쥐어짜고 있다면, 나를 혼내고 나를 위해 새벽 기도를 나갈 것이 아니라 주변의 교사들과 대화를 나누고 함께 모이고 무릎을 맞대고 이야기를 나누기 시작해야 합니다.

중독된 의무와 책임에서 벗어나기

소진과 트라우마를 자주 경험하고 있다면, 구조적 문제뿐만 아니라 자신에 대한 점검도 필요합니다. 스콥홀트는 교사들에게 학교, 학생, 학부모를 바라보기 전에 자신을 바라보기를 간곡히 부탁했습니다. 스콥홀트는 많은 교사가 중독된 관계에 빠져 있으며 특히 책임에 중독된 사람들이 많다고 이야기했습니다. 온갖 의무 중독, 인정 중독, 훌륭하고 완벽한 교사가 되고 싶은 개인적 열망이 뒤섞여서 우리 자신을 더욱 힘들게 할 수 있습니다.

마치 우리나라 학부모들이 자식을 과잉보호하고 지나치게 동일시하듯이 우리나라 교사들도 학급이나 학생을 자신과 동일시하고 일체화하는 선생님들이 많습니다. 그리고 어머니들이 혼자 가족들을 챙기고 부양하듯이 선생님 홀로 학급을 무한 책임으로 감당하려는 경향도 높습니다.

우리 사회에서 각자도생의 원리로 어떤 문제적 상황에 개인들이 대처하는 것이 만연한 것처럼, 교사들도 학교 안에서 각자도생의 원리로 지내고, 그러느라 경쟁과 성과로 인해 힘들어하고, 그 과정에서 자신을 희생하고 힘들어집니다.

한 사람의 책임으로 돌리지 않기

학교라는 복잡한 조직에서, 다양한 인력과 직역이 참여하는 환경에서 발생하는 '사건'을 한 교사의 책임으로 돌리는 것은 그 개인에게 과도한 책임을 묻는 것일 수 있습니다. 혹은 극단적으로 말하면 그 사건의 희생양을 찾는 의례라고 할 수 있습니다. 즉 학교 내 사건의 지나친 '개인화'는 학교를 분열시키고 해당 교사를 상처 주는 방식이자 교사들을 더 파편화하는 방식입니다.

학교는 하나의 조직이고 체계입니다. 학교에서 발생한 문제를 체계의 문제로 인식하고 팀을 이루어서 접근하고 함께 해결책을 찾는 방식이 정착되어야 합니다. 학급에서 덩치가 있는 학생이 기물을 부수고 교실의 아이들을 위협하는 사건이 벌어질 때 담임 교사 혹은 수업을 하고 있는 교사가 그 상황을 혼자 감당할 수 없습니다. 민원성 전화를 계속 해 대는 학부모가 있을 때 그 전화를 다 받아 가면서 수업에 집중할 수 있는 '강철 멘털'을 가진 교사도 많지 않습니다.

그런데 그간 우리는 이런 '사건'을 개인이 담당하게 하고 개인이 처리하게 하고 개인이 감수하게 했습니다. 그래서 선생님들이 이런 일을 겪고 나면 몸과 마음에 병이 나고 교직 사회와 학교 조직에 대한 깊은 원망과 회한을 갖게 됩니다.

자신이 몸담고 있는 조직이 자신을 보호해 주지 않고 방관하기에 교사들은 결국 스스로 영웅이 되는 선택을 할 수밖에 없습니다. 교사 개인이 난동 피우는 학생을 진정시키고, 민원 전화하는 학부모와 장시간 상담해서 안정시키고, 또 다른 문제가 생기면 그 문제도 해결하는 영웅 같은 교사가 되는 것이지요. 이야기를 들어 보면 학교마다 영웅적인 교사들이 있습니다. 정말 많은 일을 참고 견디고 처리해 내는 교사들이 많습니다. 그 개인 교사들의 역량에 놀라는 순간이 많습니다. 문제는 그분이 다른 교사들의 어려움, 다른 학급의 어려움에는 나서지 않고 자신의 학급, 자신의 교사 생활에만 영웅적이라는 것입니다.

다행히도 한 사건의 해결을 교사 개인에게 떠넘기지 않고 함께 해결하는 체계를 갖추는 학교들이 늘고 있어서 희망적입니다. 교사들의 전체 모임을 통해 함께 대응하는 체계를 만든 인천의 한 초등학교 사례를 나누기도 했었습니다. 그런 체계를 만드는 문화가 조금은 확산되는 분위기입니다. 학교에서라도 교사들 간의 연대가 이루어지면 교사로서 소속감과 만족감이 높아져 행복하게 지낼 수 있다는 것을 몇몇 학교를 통해 알게 되었습니다.

'소리 웍스'를 아시나요?

최근에 교사가 법정까지 가야 하는 일들이 늘고, 법원에서 자신의 발언과 입장에 대해 이야기해야 할 상황도 늘어나고 있습니다. 그래서 프로그램을 하나 간략히 소개해 보고자 합니다. 바로 '소리 웍스(sorry works)'입니다. 소리 웍스는 '유감을 잘 표현하기' '진실을 잘 전하기' '사과하기'를 중심으로 하는 병원-환자-가족들의 의사소통 프로그램입니다. 의료 사고의 피해자 가족이었던 더그 워체식은 자신의 형을 의료 사고로 잃는 과정에서 병원과의 의사소통에 문제가 있음을 의식하고 2005년에 비영리 단체 소리 웍스 연합을 만들었습니다. 여기에서 운영하는 프로그램 이름이 '소리 웍스'이고 이 내용은 책으로 출간되기도 했습니다.

미시건주립대학병원에서는 이 프로그램을 도입한 후 막대한 의료 소송 비용을 절감했습니다. 이후 하버드대학병원을 포함한 여러 병원에서 환자 및 가족 들과 특별한 상황에서 소통하기 위해 '소리 웍스'를 활용하고 있습니다. 말 그대로 어떨 때 죄송하다고 해야 하는지, 어떤 상황에서 진실을 말해야 하는지, 사과는 어떻게 해야만 하는지에 대한 이야기를 담고 있습니다. 사과의 기술을 통해 환자와 의사가 모두 '윈-윈'할 수 있는 '진실 말하기' 프로그램이 미국 유수 병원에 도입되어 실제 의료 소송을 절반으로 줄인 기적 같은 일은 큰 화제가 되었습니다.

이 프로그램을 만든 워체식이 바랐던 것은 담당 의사의 책임감 있는 인정과 진심 어린 사과였습니다. 그리고 병원 측에서 무엇이 잘못됐는지, 향후 같은 실수가 재발되지 않도록 어떤 조치를 취할 것인지 답변하는 것이었으며, 보상은 그 이후의 문제였다고 합니다. 이 프로그램을 통해 정직하고 철저한 사과는 실제로 사고를 해결하는 데 보상보다 큰 역할을 하는 행위임이 밝혀지기도 했습니다.

학교에서 발생하는 여러 민원과 학교 폭력 사건에서 '소리 웍스'를 이용하는 방법을 제안해 보겠습니다.

1. '잘못했다, 죄송하다'라고 성급하게 말하기 전에 그것을 대신할 말이 무엇인지, 유감과 공감을 먼저 표현할 때 사용하는 언어와 태도가 무엇인지를 알아야 합니다.

2. 학교의 잘못이 없다고 할지라도 공감과 위로를 줄 수 있는 의사소통 방법을 알아야 합니다.

3. 학교에 명백한 잘못이 있을 때, 진심으로 사과하는 의사소통 방법을 알아야 합니다. 의료에서는 합병증, 부작용, 개인 특이 체질이 아닌 명백한 의료 과오가 있을 때에는 빠른 시간 안에 '죄송하다' '잘못이 있었다'라는

표현을 사용합니다. 그 경우를 제외하고서는 '죄송하다' '미안하다'라는 표현을 사용하지 않습니다. 대신 '유감이다, 애석하다, 안타깝다, 송구하다' 등의 표현을 쓰도록 합니다. 즉 불행한 상황에 대한 공감을 표현하는 것과 책임을 져야 하는 상황의 언어는 다르다는 것을 이해해야 합니다.

4. 이런 불편한 의사소통에서 최대한 투명성, 공정성, 진실성을 유지하기 위해 갖추어야 할 태도와 제공되어야 할 행정 편의와 서비스가 무엇인지 알아야 합니다.

3

자신과
서로에 대한
돌봄을 시작하자

자신에게 돌봄을 허락하기

교사, 사회 복지사, 간호사, 의사, 종교인 등 타인에게 돌봄을 제공하는 직업을 가지고 있는 사람들 중 적지 않은 이들이 생각보다 어려워하고 어색해하는 일이 자신을 돌보는 일입니다. 자신에게 휴식을 허락하고 돌봄을 수용하고 더 나은 상태로 나아가기 위해 좋은 것을 허락하는 데 인색합니다. 그래서 많은 학자들이 다른 사람들을 조력하는 사람들이야말로 자신을 잘 돌보는 것이 중요하다고 합니다.

스트레스 이론의 대가인 한스 셀리에는 '이타적인 이기주의'는 돌봄 제공자의 필수적인 책무라고 했습니다. 이후에도 많은 사람들이 '신성한 이기심'이라는 표현이나 '자기에 대한 주의 기울이기'(self-attentiveness)라는 개념을 만드는 등 돌봄 제공자 자신을 돌볼 것을 촉구했습니다.

이 글을 읽는 선생님들은 어떠신가요? 자기 돌봄에 충분히 신경 쓰고 지내시나요? 다른 사람을 돕는 일을 하다가 자신이 방전되어 도움이 중단되거나 병이 나는 일을 우리는 적지 않게 보고 있습니다. 담임 교사를 맡은 분들은 흔히 학급 아이들 때문에 '아파서도 안 된다'라는 하소연을 하시곤 합니다. 담임 교사 제도가 갖는 어려움과 상황을 여러 의미로 전해 주는 말이라고 생각합니다.

우리는 우리가 생각하는 것보다 훨씬 힘든 일을 너무 잘 해내려고 하며 이 과정에서 나에게 일어나는 일은 지나치며 살아가는 것에 너무 익숙합니다. 왜 자신을 돌보는 일에 무관심하거나 너무 엄격하거나 그 일을 회피할까요?

자신을 증오하는지 모르는 사람들

자기 돌봄을 어색해하거나 그 일에서 달아나려고 하는 사람들의 다수는 자신에게 좋은 것을 줄 수 없다는 자기 증오를 하는 사람들입니다.

'자기 증오'(self-hate) 연구자인 시어도어 루빈은 우리 사회에 만연한 자기 증오와, 자기 증오를 교묘하게 위장하는 삶에 관한 책을 썼습니다. 거기에서 그는 자기 증오로부터 벗어나기 위해서 필요한 연민과 공감에 대해 이야기했습니다.

그는 자신이 자기 증오감을 가지고 사는 것을 모르는 사람이 많다고 했습니다. 그의 책은 지금은 안타깝게도 절판되었지만 『절망이 아닌 선택』으로 번역되어 출간된 바 있습니다. 그의 임상 경험을 통해서 자기 증오의 사람들은 다양한 모습으로 발견되었지만 모두 자신에게 불친절하다는 공통된 특징을 가지고 있었습니다.

루빈은 일단 자신에 대한 느낌을 차단하고 부정하는 사람, 분노를 느끼지 않으며 산다는 사람들 중에 자기 증오의 사람이 많다는 것을 발견했습니다. 이런 사람들이 가장 많이 위장하고 가장 잘 변장시키는 것은 분노라고 합니다. 그러다 보니 이 분노를 숨기고 사는 사람들은 억제된 경우가 많으며, 이 억제가 잘 통제되지 않으면 결국 우울증이 생기거나 감정 조절이 어려운 상태가 되어서야 병원을 찾게 된다고 합니다.

또한 이들은 다양한 방식으로 자신을 처벌해야 하는데, 그 처벌의 이유는 아동기의 전능감 수준에 해당하는 경우가 적지 않다고 합니다. 예를 들어 '모든 사람에게 잘해 주지 못했다.'라든가 '다 잘되었는데, 그 하나의 실수로 인해서 모두 망쳤다.'라는 식입니다. 마치 천사가 되지 못해서 처벌을 받아야 한다거나, 만능 능력자가 되지 못해서 죄송하다는 것과 같은 의미이지요. 그러므로 이런 사람들은 자신을 성공시키지 않습니다. 아주 잘 해낸 일에도 실패라는 꼬리표를 달고, 성공했다 하더라도 기뻐하지 않는 경우도 많습니다.

늘 불평불만이 많고 또 자주 부정적인 감정에 압도되거나 주변과 좋은 감정을 나누기 힘들어하는 사람들도 자기 증오의 사람이라고 할 수 있으며, 이런 사람들은 또한 '자격' 논쟁을 흔히 한다고 합니다. 자신이 좋은 대접을 받을 자격이 없다고 말하고 자신이나 타인을 혐오하거나 경멸하는 경우가 적지 않게 드러나기도 합니다.

지나친 겸손과 자기 비하는 구분하기 어려울 때가 많지만 자기에 대한 비하와 함께 자기 능력을 과소평가하는 사람들도 자기 증오의 사람들이라고 할 수 있습니다. 거꾸로 자기 능력을 지나치게 과대평가하여 사람들에게 무엇인가를 억지로라도, 능력 밖에서라도 해 주려고 하는 것도 자기 증오의 다른 방식이라고 할 수 있습니다.

이런 자기 증오로 인한 자기 인식의 결과는 그 사람을 둘러싼 현실의 왜곡입니다. 자기 증오를 하는 사람들은 현실을 있는 그대로 볼 수가 없습니다. 그래서 사람들과 현실을 공유하면서 지낼 수도 없고 자기 처벌을 추구하므로 편안히 지낼 수도 없습니다. 이 자기 처벌의 방식은 서투른 방식부터 세련된 방식까지 사람마다 다양합니다. 이렇게 온몸과 마음에 자기 증오의 혈관들이 퍼져 있는 상태에서 미움과 처벌, 부정적 감정의 혈구들이 혈관을 따라 순환하게 되면 삶은 점차 피폐해집니다.

일단 가장 안타까운 것은 자신을 편하게 해 주지 못하고, 자신에게 좋은 것, 휴식, 회복을 허락하지 못하는 것입니다. 아무도 보고 있는 사람이 없지만 늘 누군가가 감시하고 통제하며 평가받고 있는 듯이 지내지요. 자기 증오에 빠진 분들은 자신에게 제공된 휴식을 어색해하고, 자기 돌봄을 비판하고 반성을 촉구합니다. 교묘하지만 자신에게 친절과 공감, 연민을 주지 않는 것을 통해 자기 처벌, 자기혐오, 자기 증오에 갇혀 살아갑니다. 마치 CCTV가 인생 안에 설치되어 자신의 일거수일투족이 평가된다고 생각하며 사는 것과 같지요.

저는 일부 교사 집단에서 이런 자기 증오의 교사들을 발견합니다. 그 층위는 다양하지만 아주 심각하게 자신을 대하는 분도 있고 즐거움과 행복을 누리는 것이 어려운 교사도 있습니다. 자기 돌봄에 대해 가장 허용적이지 않은 이 그룹의 교사들이 결국 소진과 트라우마에 더 자주 휩싸이고 우울해지는 악순환을 만납니다. 이런 교사들이 자기 증오에서 자기 공감으로 가도록 돕는 것이 교사 집단 치유에 중요합니다. 이런 분들은 의식적으로든 무의식적으로든 교사 자신을 위한 치유를 기피하거나 방해하거나 혹은 거부하는 분위기를 일부러 만들기도 합니다. 안타깝게도 자신이 받아들일 수 없기 때문이지요.

자기 증오에서 자기 공감으로

자기 증오를 하는 사람이 자기 공감으로 향할 수 있는 방법은 무엇일까요? 인생의 여러 힘든 일들로 스스로 깨닫고 알게 되는 경우가 없는 것은 아니지만 그것은 참 어려운 일입니다. 이런 과정을 혼자 하기란 어렵지요. 상담자, 가족 그리고 아주 친근하고 안전한 사람 혹은 집단이 있어야 가능한 경우가 더 많습니다.

엄격한 기준, 잔혹한 잣대가 마련된 이들의 내면세계를 뜯어고치는 일은 어렵습니다. 우리가 할 수 있는 일은 조금 편안하고 수용하는 분위기에서 관대하게 대함으로써 그들이 덜 긴장하고 덜 경직되게 하는 것입니다. 동료들의 칭찬, 격려와 함께 인정되고 수용될수록 편안해질 수 있습니다. 그리고 삶을 느끼고 즐거워하고 행복해하는 모습을 보여 주는 것이 필요합니다.

그 사람이 어려운 상황에서 정말 열심히 잘했다는 것을 진심으로 주변에서 말해 주면 자기 증오로 인한 착취적 행동이 다소 멈출 수도 있습니다. 자신을 다소 친절하게 대할 수 있고, 그래서 개방적으로 타인과의 교류나 나눔을 시작할 수 있게 되면 치유의 가능성은 더 커집니다.

한 번도 경험해 보지 못한 일들이 일어나야 도움이 될 것입니다. 타인들 속에서 편안하게 지내기, 혼자가 아님을 알기, 혼나거나 평가받지 않기, 타인이 진심으로 자신에게 호감을 보이는 것을 수용하기 등의 작업을 함께할 수 있는 집단이 있어야 합니다. 안전하고 따뜻하고 수용되는 집단에서 타인들이 자신을 대하는 것을 경험하면서 '느낌'이 살아나야 자기 증오가 줄어들고 자신의 아픔을 스스로 쓰다듬어 주는 것이 가능합니다. 어떤 방어 기제를 동원하지 않아도 되고 평가도 없고 편안하게 그대로 있어도 된다는 경험을 자주 하면서 자기 공감의 경험이 쌓일 것입니다. 그러면서 과장되지도 않고 과소평가되지도 않은, 있는 그대로의 현실을 보고, 그 현실에서 큰 만족이 아니라 작은 기쁨의 힘으로 살아갈 수 있다는 것을 발견하게 되면 점차 자기 증오는 줄어들 것입니다. 그리고 우리가 함께 이루는 서클에 구성원으로 참여하여 자신을 진심으로 개방할 수 있게 된다면 더 많은 증오로부터 멀어질 수 있을 것입니다.

자기 증오의 해독제,
자기 공감

나르시시즘의 시대를 살아가는 현대인들이 자기애적 손상을 받는 일, 우울한 현대인들이 자신의 책임을 비판하고 증오하는 일, 일과 가정의 균형을 이루면서 살고 싶지만 업무에 치이고 가정에서도 잘 쉬지 못하는 번아웃 위기에 빠지는 일의 공통점은 모두 자신을 비난하고 비판하면서 고통을 겪는다는 것입니다.

텍사스대학교 심리학자 크리스틴 네프는 현대인들에게 정말 중요한 심리적 태도이자 치료가 자기 공감(자기 자비)이라고 주장하면서 오랜 연구에 기반하여 우리가 자신에게 제공해야 할 자기 공감의 구성 요소 세 가지를 설명했습니다.

첫째는 자신에게 친절하기(self-kindness)입니다.

고통받는 자신에게 친절을 베풀어 자신을 편안하고 따뜻하게 해 주는 일이 필요합니다. 많은 사람이 자신에게 불친절할 뿐 아니라 자신을 노예처럼 부리며 혹독하게 다룹니다. 자신에 대한 의심, 비난, 판단, 정죄로부터 벗어나 자신에게 친절해야 자신의 고통을 다룰 수 있습니다.

둘째는 마인드풀니스(mindfulness), 마음 챙김입니다.

즉 자기를 느끼고 알아차리는 일입니다. 무언가에 빠져 중독적으로 지내고 자신의 상태를 부정하면서 지내면 나와의 연결이 단절됩니다. 마음 챙김을 통해 자신과 연결되고 자신의 상태를 알 수 있으며, 있는 그대로의 자신에게 다가가 자신을 돌볼 수 있습니다. 자신을 제대로 아는 것이 필요한 것이지요. 과잉 동일시, 과잉 투사, 과잉 내사로부터 벗어나야 합니다.

셋째는 인간 보편성(common humanity)입니다.

개인의 어떤 경험을 나만 느끼는 분리되고 고립된 것으로 보기보다 모든 인간이 경험하는 것으로 받아들이는 것입니다. 우리 인류가 함께 겪고 나누는 일로 느껴야 더 수용이 가능합니다. 자신만 경험하는 고통으로 느끼면 더욱 큰 고립감이나 소외감, 배제감을 느낄 것입니다.

자기를 공격하지 않으면서, 고립되지 않으면서, 왜곡하지 않으면서 더 균형감을 가지고 즐겁고 행복하게 살기 위해서 자기 공감은 우리에게 중요한 영양제입니다. 현재 크리스틴 네프 등이 만든 8주 프로그램 워크북이 국내에도 번역되었고 그의 저서도 출간되어 있습니다.

4

함께 서로를 돌보는
교사회가
치유자이다

혼자 있지 마세요!

아주 오래전 프레네 교사 워크숍 마지막 날, 프랑스에서 온 교사 중 한 분이 힘든 교사들에게 남기고 싶은 중요한 메시지로 "혼자 있지 마세요."라고 했습니다. 그리고 파커 파머 등의 전문가 또한 고독을 통해 자신을 점검하는 시간을 제외하고는 건강한 동료 교사 집단 안으로 들어가라고 합니다.

건강한 동료 교사 집단에는 상처받은 치유자가 여럿 있습니다. 이미 경험한 여러 힘든 일, 해결해 본 일, 현재 함께 겪고 있는 일들로 인해 공감과 나눔, 해결책이 풍부하게 저장된 모임이 교사회입니다.

> 66 만일 현재 어느 모임에도 속해 있지 않은 사람이
>
> 어딘가에 가입한다면 이는
>
> 일 년 안에 사망할 확률을 반으로 줄이는 것이다. 99
>
> _로버트 퍼트넘(미국 정치학자)

> 66 즐거운 일 더 하기, 즐겁지 않은 일 하지 않기,
>
> 내가 하는 일이 무엇이든 즐기려고 노력하기. 99
>
> _세실 앤드류스(커뮤니티 교육 전문가)

동료 교사는 동병상련의 상태이기에 설명을 길게 할 필요가 없고 이해가 빠르고 또 직간접적인 도움을 나누기가 용이합니다. 또 가까이에서 지내는 동료 교사는 나의 거울 같은 역할을 하기도 합니다. 때로는 나의 상태를 더 잘 알기도 하지요. 물론 이것은 건강한 교사 집단이 존재한다는 것을 전제로 합니다.

실제로 개인 상담이 주는 효과와 집단이 주는 효과는 다릅니다. 개인 상담은 조금 더 개인적이고 내밀한 이슈를 다룰 수 있고 개인 특화된 접근과 지원을 할 수 있는 반면, 상담자와 둘만의 작업이라는 한계가 있습니다. 교사들과의 집단 만남은 학교에서의 일, 업무나 관계에서의 일, 현재 벌어지고 있는 일을 직접 다룰 수 있는 장점

이 있는 대신 잘 합의된 집단이 아니면 공개적으로 상처를 받을 수도 있고 더 큰 부작용이 있을 수도 있습니다. 그래서 교사 집단 만남을 위해서는 집단 만남에서의 규칙이나 약속을 서로가 준수하고 존중하는 것이 정말 중요합니다.

집단적인 교사 만남에서는 개인 상담자의 지지나 지원과는 다른 집단적인 지지와 격려, 해결책 그리고 강력한 소속감에서 기원하는 애정을 제공받기 때문에 큰 치유 효과가 있습니다. 이때 받는 안심과 안정의 영향은 아주 강력합니다. 특히 학교에서 자신의 지위나 상태가 고립되었다는 느낌을 받고 있던 교사라면 집단적인 교사 만남, 교사회, 서클 등을 통해 강력하게 연결되었다는 느낌을 받으며 새로운 치유 경험을 하게 됩니다. 이 연결의 유대감이 치유적 요소 중 하나이며 동시에 치유의 결과입니다.

물론 개인적인 지원과 교사회를 통한 집단 지원 두 가지가 필요에 따라 모두 제공되면 더할 나위 없이 좋을 것입니다.

교사회를 통한 치유

교사회는 특정한 집단 만남의 형태로 제공되는 정형화되거나 고착된 치유 방식이 아니라 다양한 환경과 분위기를 조성하여 하나의 학교 내 조직이자 집단으로서 집단적 치유를 제공할 수 있습니다.

4부 스스로 그리고 함께 치유하는 교사들

교사들이 개별적으로 보호받거나 지원을 받을 수 있는 장치를 교사회가 확보할 수도 있습니다. 치유적 기능을 제공하는 집단으로 운영할 수도 있습니다. 교사들은 방학 때나 혹은 필요로 하는 시기에 '힐링 캠프' 같은 행사를 통해 서로를 위한 치유를 도모할 수도 있습니다. 아주 단기적으로 의기투합하거나 갈등을 집중적으로 치유하는 데에는 이런 캠프형 프로그램들이 도움을 줄 수 있습니다.

일상적인 학교생활에서 정기적인 티타임 혹은 명상 모임, 간식 모임 등을 마련하고 서로를 돌보는 시간을 가짐으로써 학교 내에서의 단절을 극복해 나갈 수도 있습니다. 딱딱한 회의 방식을 취할 수도 있고 편안한 수다 모임이 될 수도 있습니다. 서클이나 집단 명상 같은 조금 더 치유적인 방식이 될 수도 있습니다. 형태나 방식은 각각의 교사회에 모인 교사들과 논의하여 만들어 가면 됩니다. 더불어 전문 학습 공동체처럼 자발적으로 학생과 교사에 대한 지식이나 기술을 보충하고 공유하면서 서로에게 필요한 영양분을 공급할 수도 있습니다. 학생들에 대해 충분히 이야기하는 시간이 필요하다면 학년별로 모여서 학생들의 고민과 상담, 최근 아이들 사이의 관계를 역동적으로 분석하고 토론하는 시간을 가질 수도 있습니다.

교사회는 학교에서 교사들에게 아주 중요한 조직입니다. 민주적인 교사회를 운영하면서, 지식으로 돕고, 관계로 지지하고, 협력을 통해 서로에게 울타리가 되어 주는 모임을 만들어야 합니다. 이런 교사회는 학교 안에서 다양한 얼굴과 모습으로 기능하면서 교사를 보호하고 성장할 기회를 제공할 수 있습니다.

　─안전 기지로서의 교사회: 교사들의 품, 보호, 지지, 지원이 되는 교사회.

　─따뜻한 서클로서의 교사회: 교사들 간의 어려움을 이야기하고 함께 해결책을 찾아가는 교사회.

　─생활 공동체로서의 교사회: 일상생활에서 제기되는 여러 이슈를 함께 해결하고 풀어 나가는 공동체로서의 교사회. 서로 돕고 지지하는 것은 기본이고 함께 대응하여 소속감을 높여 주는 생활 공동체.

　─지식 공동체이자 연구 집단으로서의 교사회: 수업, 학습, 생활지도, 상담 등 다양한 이슈들을 학교 현장에서 함께 연구하고 풀어내고 공부하는 연구자들의 교사회.

　이외에도 학생 사례 회의, 스텝 민감성 토론 집단, 회복적 서클 등 이미 여러 형태의 교사회가 학교에서 활동하고 있습니다.

　교사회가 어떻게 운영되는가 하는 것은 교사에게 매우 중차대한 문제입니다. 교사회가 잘 운영되지 않을 때 교사들에게 닥치는 문제는 더 큰 힘에 의해 혹은 일방적인 정책에 의해 조정당하는 것입니다. 교사들의 상호 작용은 차단되고 교사들은 고립되며 그야말로 교사들 각자도생의 학교가 되는 것입니다.

치유적이고 민주적인 대화

교사들은 민주적 절차에 익숙한 사람들입니다. 직접 민주주의에 대해서도 잘 아는 사람들입니다. 그러므로 일부 심리적, 사회적, 성격적, 정신적 어려움이 있는 교사를 제외하고는 어떻게 하면 서로에게 치유적인가 하는 것도 이미 잘 알고 있습니다. 그래서 모임의 내용을 구성하는 것보다 더 중요한 것은 모이는 것에 합의하는 것입니다. 교사들의 개인주의, 이기주의, 회피, 자기애적 성향을 서로 조절해서 모이고 조직되는 것이 더 시급하고 중요한 일입니다. 모이지 않으면 치유 기능은 발생하지 않으니까요.

교사들은 모임에 대한 상처나 트라우마가 은근히 큽니다. 입장이 다르고 생각이 다를 때 격한 대화의 들러리처럼 앉아 있다가 자리를 피했던 경험이 꽤 있습니다. 그러므로 치유가 가능한 교사회가 되려면 다음의 대화 원칙을 잘 지켜야 합니다.

—경청이 가장 치유적 효과가 크다는 사실을 모두가 공유해야 합니다.

—주장은 가능하나 설득과 강요가 줄어들어야 합니다. 상대방을 설득하려 하지 않는 것이 가장 중요합니다. 차이를 줄이려고 애써 노력하지 않는 것이 필요합니다. 입장을 알게 된 것으로 만족해야

합니다.

—차이보다 동의하는 것들에 더 초점을 맞추고 진행해야 합니다. 우리가 오늘 어디까지 모두 동의하는지를 파악하고 그것에서 기쁨을 맛보는 것에 초점을 두도록 서로 노력해야 합니다.

—"내 생각인데." "내 견해인데." "내 경험으로는." 등의 방식으로 이야기해야 합니다.

—희망과 기쁨, 긍정적인 것에 관해 더 많이 말하도록 서로 노력해야 합니다. 물론 지어내고 짜내고 거짓으로 하자는 것은 아닙니다. 모임에 기쁘고 즐거운 소식이 있으면 사람들이 잘 모이는 반면, 언제나 무겁고 힘들고 괴로운 이야기로 가득 찬 모임에는 책임자 외에는 잘 모이지 않습니다. 모임에서 유머, 웃음, 기쁨을 놓치면 안 됩니다.

—우리가 추구하는 가치를 강조하는 것이 필요합니다. 행복, 치유, 성장, 공동체 등 학교 안에서 누구나 추구하는 보편적 가치에 대해 말하는 것이 필요합니다. 그 가치에 대해 논쟁할 필요는 없으나 가치에 대해 이야기하는 것은 우리를 풍요롭게 할 뿐 아니라 우리를 치유적 집단으로 묶어 줍니다.

—대화가 주를 이루어야 하고 대화의 가치가 높게 평가되어야 합니다. 그러므로 대화를 단절시키는 방식의 일들은 줄여야 합니다. 논쟁으로 진영이 나뉘거나 침묵하게 되는 것은 생각보다 충격이 큽니다. 논쟁에서 이기는 것보다는 관계를 이해하고 맺어 나가는 것이

훨씬 중요합니다.

나 홀로 학교라는 직장에 다니는 것보다 교사회에 소속되어 서로를 위한 치유자 역할을 하면서 다니는 학교생활이 훨씬 나은 것은 당연합니다. 외로움이 신체 및 정신 건강에 미치는 영향은 이미 여러 차원에서 밝혀져서 한 국가의 부서로 격상되기까지 했습니다. 대표적인 예로 영국은 외로움부를 만들고 국민들의 외로움에 대한 정책을 펼친다고 합니다. 서로에게 지지대가 되기 위한 치유적인 교사회를 만드는 일, 이것이 교사들의 집단 상처에 처방할 수 있는 가장 좋은 약입니다.

서클,
치유와 회복의 모임

전 세계적으로 사람들이 모여서 치유를 하는 방식은 원을 그리고 앉아서 함께 열심히 듣고, 신중히 생각하고, 말 한마디에 애정을 담아 말하는 원형 모임, 서클(circle)의 방식입니다. 서클은 우리가 하나라는 의미, 우리가 함께 소속되었다는 의미, 우리가 서로 묶여 있고 연결되었다는 의미로, 고대로부터 내려온 모임 방식입니다. 그런데 단절되고 고립되어 혼자 문제를 해결해 오던 교사들이 서클을 이루는 일 자체가 쉽지 않을 것입니다.

1. 서클 활동은 의미를 발견하고 소속감을 경험하는 과정입니다. 서클은 원을 그리며 앉아서 모임으로써 모든 사람의 중요성을 강조합니다. 그 결과 공동체의 지혜와 공동체 의식이 생겨납니다.
2. 서클은 모든 참가자가 발언할 수 있고 들을 수 있는 대화의 경험을 제공합니다.
3. 서클은 각 참가자의 고유성을 존중하면서 연결과 공감을 키워 줍니다.

4. 서클은 긍정적인 가능성을 유지하면서 어려운 감정과 어려운 현실을 환영하기도 합니다.

5. 서클의 전통적인 운영 방식

—참가자는 일반적으로 테이블 없이 원을 그리며 앉습니다.

—서클을 시작할 때, 짧은 명상이나 시, 혹은 영감을 주는 음악이나 다른 읽을거리를 사용할 수 있습니다.

—'말하기 도구'(talking piece)를 사용하기도 하며, 이 권한을 중심으로 말을 합니다.

—발화, 즉 말하는 것은 말하기 도구를 가지고 있는 사람이 합니다.

—서클에서는 서로가 최고의 자아를 추구하는 것을 가치로 삼아 가장 좋은 자신이 되어 대화를 이어 갑니다.

—서클은 동시에 보호 장치를 만들어 서로에게 상처를 적게 주도록 합니다.

—서클 진행자는 모두에게 할 수 있는 질문 상자, 대화 상자를 사용할 수 있고 솔직한 대화를 위한 안전한 공간을 만든 다음 참가자들이 원의 주제를 탐색하는 데 도움을 줍니다.

—서클 진행자가 전문가이거나 이 서클을 수선하는 수선공은 아닙니다. 모두 동일한 지위와 권한을 갖습니다.

—서클 진행자는 참가자들에게 안내하고 안전한 공간을 만들려고 노력하지만 그 책임은 모두가 함께 지도록 합니다.

—서클 참가자들이 우리 삶의 의미 있는 이야기를 공유하면서 서로 연결되도록 하는 것 또한 서클 진행자가 노력해야 할 일입니다.

―서클에서 말하기 도구를 통하여 구성원 모두의 발언이 끝나면 열려 있던
　서클을 닫을 준비를 합니다.

―폐막을 알릴 때도 마음에 도움이 되는 명상, 음악, 시나 다른 글을 읽으며
　서클을 봉인할 수 있습니다.

6. 서클이 진행되는 동안 줄곧 안전한 느낌이 지속되는 것이 중요합니다.
　서클 참여자가 모두 함께 안전한 공간과 구조화된 모임이 잘 유지되도록
　노력합니다.

7. 교사들의 모임에서 흔히 사용하는 질문의 예시를 소개하겠습니다.

―여러분의 인생에서 중요한 선생님이나 멘토, 그리고 그 사람이 자신에게
　준 선물이 있다면 그것에 관해 이야기를 나누어 주세요.

―무엇이 당신을 교사가 되도록 이끌었나요?

―학생들과의 상호 작용에서 당신은 어떤 가치에 관해 함께 이야기 나누기
　를 원하시나요?

―당신의 교사 생활에서 자랑스러운 순간을 말해 줄 수 있나요?

―교사로서 당신의 일에서 힘든 점은 무엇입니까?

―당신은 교사로서 계속 일하기 위해 어떤 일에 힘을 쏟고 있나요?

―우리가 애초에 교사가 되려고 했을 때 그 꿈을 말해 주세요. 그리고 그
　꿈이 실현되기 위해 필요한 것을 말해 주세요.

서클은 이러한 질문에 대한 반응이 일반적인 대화 공간보다 훨씬 더 깊이
들어가는 친밀한 공간을 만듭니다.

트라우마
공감 학교

교사 트라우마, 심각성을 인식하고 대책이 필요하다

학교에서의 트라우마가 교사들에게 미치는 영향은 큽니다. 최근 학생들의 핵심 문제를 트라우마로 이해하고 접근하는, 주로 미국을 중심으로 하는 트라우마 이해 기반 학교 혹은 교육 패러다임(trauma informed education & school)에서는 교사들의 트라우마에도 각별히 신경을 써야 한다고 주장하고 있습니다. 즉 교사가 학생과 자신을 위해서 트라우마의 영향에 대해 알도록 돕고, 대처할 수 있도록 돕고, 다양한 트라우마 극복 프로그램에 참여하도록 도와야 한다고 합니다. 그러므로 트라우마에 대한 학습과 훈련, 시스템의 변화가 아

> 대화는 우주의 에너지를 경험하는 의미 있는 일이다.
> 대화의 불꽃을 되살리는 것이 더 큰 존재의
> 충만함과 초월성을 경험하는 길이다.
>
> _세실 앤드류스

주 중요하다고 할 수 있습니다. 그러지 않으면 교사들은 트라우마로 인해 병이 나고, 이직을 하고, 혹은 퇴직을 결심하게 될 가능성이 높습니다.

현재 교사 트라우마에 대한 우리의 이해는 여전히 예방적이기보다는 치유적이고, 체계적 대응보다는 임시방편적 대응에 머무르며 그 심각성을 이해하지 못하고 있습니다. 빠른 시간 안에 교사들의 트라우마 실태, 트라우마로 인한 개인적 영향, 학교 수업 및 활동에 미치는 영향, 우리 교육에 미치는 영향이 대대적으로 평가될 필요가 있고 이에 대한 개입 역시 필요합니다.

교사 트라우마 예방을 위한 지원과 체계적 활동

교사들이 아이들과 자신의 트라우마를 잘 이해하고 다루는 교육과 지원을 받는다면 일단 지금보다는 나은 대처를 할 수 있을 것입니다. 무력하게 당하고 무기력감에서 허우적대는 상황은 개선될 수 있을 것입니다.

1. 트라우마라는 렌즈로 아이들과 교사를 보기

일차적으로 트라우마라는 렌즈로 아이들과 우리 자신을 파악하고 트라우마가 주는 증상과 징후, 교육적 결과, 교사의 노동에 미치는 영향에 대해 교사가 자세히 아는 일은 트라우마에 대한 인식 수준을 높입니다.

우리가 겪는 트라우마에 대해 더 자세히 분류하고 그 영향을 상세히 알 필요가 있습니다. 소진인지, 공감 피로인지, 개인적 죄책감인지, 도덕 손상 현상인지를 구조적으로 아는 것이 중요합니다. 그러지 않으면 일부 선생님들은 또 습관적으로 자신을 비난하고 더 훌륭한 교사가 되기 위해 돌진하면서 예정된 실패를 향해 가고, 그 결과 자신이 소모되고 손상되는 일을 반복할 것입니다.

첫 번째로 필요한 것은 교사 트라우마에 대한 교육과 지원입니다. 교육은 확실히 공감 피로나 대리 외상 같은 현상을 줄일 수 있고, 또 소진에 대한 관점과 대처 능력을 향상시킬 수 있습니다.

2. 트라우마를 다루는 기초 방법 알기

아동 청소년의 행동화와 감정 폭발의 원인과 경향을 알고, 트라우마로 인한 행동 후에 심리적 안정을 취하게 도울 수 있는 방법을 아는 것은 교사의 무력감을 해소하고 교실에서 대처할 수 있는 무기를 제공합니다. 아무 도구 없이 무방비였던 상황에서 응급조치법이라도 알고 나면 교사는 자신을 그 현장에서 유능한 사람으로 느낄 수 있습니다.

문제를 일으키는 아이가 '할 수 있는 일을 하지 않는 나쁜 아이'가 아니라 '상처받아 할 수 없는 아이'로 인식이 전환되고 아이들에 대한 진정 기술이나 안정화 기술을 알고 나면 혼란스러운 교실에서 응급 요원처럼 활동할 수 있게 됩니다.

3. 학교 차원에서 시스템 만들기

교사 및 학생 개개인의 지식과 기술에 기반하여 학교 전체가 트라우마를 이해하고 민감한 태도로 공감하고 대처할 수 있다면 우리는 트라우마를 예방하고 최소화할 수 있습니다. 잘 훈련된 교사들이 늘어날수록 학교의 대응 능력은 높아지지만 교사 개개인의 능력으로 모두에게 일어날 수 있는 트라우마를 막기란 불가능합니다. 미국에서는 각 지역마다 다양한 방식으로 이런 트라우마 기반 교육을 하는 학교와 프로젝트 들이 늘어나고 있습니다. 대표적으로는 캘리포니아의 '학교 내의 건강한 환경과 트라우마에의 대응'(Healthy Environments And Response to Trauma in Schools, HEARTS) 프로그램이나 매사추세츠의 '가르침과 배움 정책 이니셔티브'(Teaching and Learning Policy Initiative, TLPI), 워싱턴의 '공감 학교'(Compassionate Schools) 운동 등으로, 2000년대 초반에 주로 시작되었습니다. 이 프로그램들은 트라우마 이해 기반 학교에서 지원 체계가 형성되는 것을 주도하고 있고 그 효과를 입증하고 있는 프로그램들입니다.

4. 치유적 환경 만들기

학교에서의 아이들 싸움, 학교 폭력, 성인들 간의 다툼이나 기타 사고 등 여러 트라우마들은 전염성이 있다는 것을 이해할 필요가 있습니다. 아이가 힘들어하면 부모님과 선생님도 힘들 수 있고, 동시에 같은 반의 다른 아이도 힘들어할 수 있습니다. 자해 행동이 모방되는 것은 흔하고, 특정한 행동들에 공포를 느끼는 일도 흔합니다. 그러므로 우리는 트라우마가 미치는 영향을 충분히 조사하고 지원해야 합니다. 교사들 또한 트라우마가 있을 때 심대한 타격을 받습니다. 트라우마로 인한 고민, 불편, 불면, 아동과의 상담 과정에서 받는 이차 외상, 공감 피로, 수업 준비 부족으로 인한 짜증과 괴로움, 과도한 각성과 정서적 탈진의 반복 등의 현상이 교사들에게 충분히 일어날 수 있습니다. 교실에서는 주기적으로 계속 트라우마가 발생하며 이에 대한 교사의 대처 능력은 반복적으로 도전을 받습니다.

그래서 교사와 학교의 대처 능력을 향상하기 위해 제안된 것이 '교사를 위한 인식력과 회복력 개발하기'(Cultivating Awareness and Resilience in Education for teachers, CARE)와 '스트레스 관리와 회복력 훈련'(Stress Management And Resilience Training, SMART) 같은 프로그램들입니다. 근거 기반 실천이라 할 수 있는 두 프로그램 모두 교사들의 자각 능력과 관리 능력을 강조했습니다. 마음 챙김뿐 아니라 친절, 행복 및 대인 관계, 갈등 관리에 대한 주제들도 포함되어 있습니다. 이런 프로그램이 학교 교사들과 진행되면 학교는 더 치유적인 환경이 될 수 있습니다.

5. 교사의 회복 탄력성 지원하기

교사가 트라우마를 다루고 견디고 극복하면서 역량이 향상되도록 하는 과정에서 교사의 회복 탄력성에 대한 지원은 필수입니다. 트라우마를 불러일으키는 학교 환경에서 교사들은 자신감 상실, 감정 조절의 어려움, 아동에 대한 죄책감 등 다양한 타격을 입습니다. 이것을 회복하려면 트라우마를 다루는 자신감을 통한 유능감 회복, 자기 조절과 균형감을 유지할 수 있는 기술 및 역량 증가, 트라우마와 관련된 아동에게 연결되고 조력을 제공할 수 있는 지원 체계 활용 등의 활동이 회복되어야 합니다.

트라우마 경험자에 대한 회복 탄력성 지원에 가장 중요한 요소는 사회적 지원입니다. 트라우마를 겪고 있는 교사에 대한 학교와 교육청의 적극적인 치료 지원과 교육 지원이 필요합니다.

트라우마를 받은 사람들을 위한
심리 안정 기술

트라우마로 인해 힘들어하는 사람들에게 응급조치처럼 사용할 수 있는 기술을 간략히 소개드립니다. 과각성이나 침습적 사고, 재경험 등을 줄여서 신체적, 심리적 안정을 줄 수 있습니다.

1. 호흡법

들숨과 날숨을 크게 하는 심호흡부터 복식 호흡법 등, 호흡을 고르는 일은 가장 쉽지만 가장 강력한 신체 및 심리 안정 방법입니다. 우리 몸의 부교감신경계를 활성화시키면서 감정 조절을 다루는 가장 좋은 방법입니다.

2. 안전지대법

상상력을 동원하여 내 마음이 가장 편안하고 안전하게 느낄 수 있는 장소를 불러내고 그때의 감각과 기분을 상기해 안정을 취하는 방법입니다. 이 방법 또한 안정을 가져오는 단순하지만 강력한 기술입니다.

예) 바닷가 앞이라고 상상하거나 지금 자신의 포근한 방에 있다고 상상하도록 하고 느낌과 기분을 물어보는 것.

3. 나비 포옹법

양측성 자극이 심리적 안정을 가져온다는 근거에 기반하여 두 팔을 교차하여 가슴에 얹고 토닥거리는 방법입니다. 가슴이 두근대거나 나쁜 생각이 밀려올 때 스스로를 토닥거리면서 안정할 수 있는 방법입니다. 대규모 지진, 해일 등의 재난 시 아이들이 서로 모여서 심신을 안정시킬 때 이 나비 포옹법이 큰 도움이 되었다고 합니다.

4. 봉인법

힘든 감정이나 생각을 상자 속에 넣고 봉인하여 밖으로 나오지 못하게 한다는 인지적 상상을 통해 심리 안정을 하는 방법입니다. 특정한 생각으로 괴로울 때 큰 도움이 됩니다.
예) 나를 힘들게 하는 생각을 철제 상자에 집어넣고 자물쇠로 잠근 다음 깊은 바다에 던져 버리는 생각. 봉인하기 전후의 감정, 공포 점수를 비교해 봐도 좋습니다.

5. 소환법

힘든 감정이나 생각으로 괴로울 때 자신이 좋아하고 자신을 안정시킬 수 있는 음식, 캐릭터, 운동 등을 소환하여 심리 안정을 취하는 방법입니다. 사람들은 이런 긍정적 상상으로 어려움을 물리칩니다.

예) 기분 나쁜 생각이 떠오를 때마다 자신이 좋아하는 축구 선수가 득점하는 장면과 그때의 기분 좋았던 기억을 소환합니다.

6. 착지법

힘든 감정이나 생각이 계속될 때, 감각을 자신의 발바닥에 집중하고 땅에 발을 딛고 자신이 중심을 잡고 있음을 확인합니다. 지금 여기의 감각을 회복하고 안정된 중심을 통해 자신의 온전함을 확인하는 방법입니다.

예) 감정이 혼란스러울 때 의자에 앉아서 발바닥에 감각을 집중하여 자신의 발이 땅에 닿아 있음을 느끼고, 심호흡을 하면서 주변에 보이는 물건 이름 다섯 가지를 말해 봅니다.

7. 수면법

힘든 감정이나 생각으로 힘들 때 잠을 잘 자도록 하는 기술입니다. 편안한 환경을 마련하고, 깊은 잠을 잘 수 있는 방법을 배워서 건강한 수면을 이룰 수 있도록 노력합니다.

8. 상상법

힘든 감정이나 생각이 떠오를 때 그 장면을 상상 속에서 다른 방식으로 교정하는 작업을 통해 덜 무섭게, 덜 공포스럽게 만드는 방법입니다. 이 방법은 지금까지의 방법과 다르게 조금 힘들 수도 있습니다. 그래서 누군가와 함께 있을 때 하는 것이 좋습니다. 힘든 장면을 떠올려서 작업하는 것이기에 어려움이 동반될 수도 있습니다.

예) 트라우마 장면을 떠올리고, 그 장면을 포토샵을 이용해 처리해 봅니다. 색상을 바꾸거나, 배치를 바꾸거나, 혹은 공포를 주는 대상을 바꾸는 등의 작업을 합니다. 다음에 또 같은 트라우마 장면이 떠오를 때 본인이 바꾼 장면이 떠오르도록 합니다.

9. 노출법

힘든 감정이나 생각에 자신을 노출하고 견디면서 공포감이 줄어들 수 있는 행동을 해 보는 것입니다. 이 또한 아주 힘든 트라우마 극복법이기에 혼자서 하기보다는 안정감을 줄 수 있는 믿을 만한 사람이 있을 때 하는 것이 좋습니다. 단계적으로 노출하는 것이 좋고, 서두르기보다는 시간을 두고 천천히 자신감을 가지고 하는 것이 좋습니다.

예) 가장 많이 하는 노출 치료는 고소 공포증 치료입니다. 함께 계단을 오르면서 안정감을 가지고, 다음 계단에 도전하는 방식입니다.

트라우마를 받은 사람들을 위한
자기 돌봄 명상

1. 안전지대 만들기(2.5분)

심호흡과 함께 안전지대를 만들어서, 자신이 안전지대에 있다는 생각을 하고 이완이 되었다는 느낌으로 시작합니다.

2. 친절하게 자신과 만나기(5분)

내면의 자신을 불러내어 말 걸기, "너는 어떠니?" 묻고 그가 답하게 기다리기.

3. 자신과 함께 있기(5분)

멈추고 가만히 그냥 돌아보기, 정리하지 않고 그냥 바라보면서 쉬기, 통합하려 하지 않고 그냥 두면서 낙서하듯이 있기, 고요 안에서 자연스럽게 통합되기를 기다리기.

4. 자신의 긍정성 가져오기(5분)

충분한 것, 괜찮은 것을 찾고 느껴 보기, 나에게 내가 괜찮다고 하는 것을 느끼는 대로 말해 주기.

5. 자애 명상으로 마무리하기(2.5분)

나로부터 시작해서, 자애를 주고 싶은 누군가를 위해 빌어 주고, 세상 모든 존재가 평화, 행복을 찾고 고통에서 벗어나기를 기도하기.

"내가 행복하고 평화롭기를, 내가 안전하고 자유롭기를, 내가 괴로움과 슬픔에서 벗어나기를."

"○○○이 행복하고 평화롭기를, ○○○이 안전하고 자유롭기를, ○○○이 괴로움과 슬픔에서 벗어나기를."

"세상 모든 존재가 행복하고 평화롭기를, 세상 모든 존재가 안전하고 자유롭기를, 세상 모든 존재가 괴로움과 슬픔에서 벗어나기를."

6

소진과 트라우마를 극복하고 성장한다

나는 더 좋아졌다

최 선생님은 자신이 한결 편안해졌다고 하셨습니다. 학생, 학부모, 학교와 아주 힘든 법적 분쟁을 겪었지만 그 과정을 통해 오늘날의 학부모가 자녀를 키우면서 갖는 어려움, 학교에 대한 불만, 학교 폭력 해결 과정에서 발생하는 여러 법적 분쟁 등 배운 것이 더 많다고 하셨습니다. 그러면서 본인이 겪었던 일을 상세한 지도로 그려서 다른 선생님들에게 안내해 주어야겠다는 생각으로 지내셨다고 했습니다. 다행히 최 선생님은 법적 분쟁에서 승소하셨습니다.

"처음에 소송이 시작되었을 때 너무 황당하고 힘들었지만, 마음을

　　　　4부 스스로 그리고 함께 치유하는 교사들

차분히 하고 이 과정에서 배울 것이 무엇인가를 생각하며 지혜롭게 걸어 보고자 하면서 그냥 왔어요. 내 마음에서 벌어지는 것을 느끼면서 진실하게 대했고, 최대한 자신에게 부끄러움이 생기지 않게 하자고 했어요. 그리고 많이 배웠어요. 이제 조금만 정리가 되면 책 한 권 쓸 수 있을 것 같아요. 제가 이 일을 통해 힘든 것이 많았지만 더 좋아진 것도 많아요. 여러 가지를 깨닫고 알았어요. 무엇보다 여러 사람들의 도움으로 대처를 잘한 것 같고 전 더 강해진 것 같아요."

외상 후 성장, 무엇이 가능하게 하는가

어려운 일이 우리를 망가뜨리고 부숴버릴 수도 있지만, 그 힘든 일이 우리를 더 강하게 할 수도 있습니다. 주변에서 그런 선생님들을 적지 않게 봅니다. 물론 이런 현상이 모두에게 일어나는 것은 아닙니다.

미국의 학자 리처드 테데스키와 로런스 캘훈은 힘든 트라우마 이후에 다른 양상을 보이는 사람들, 즉 더 강해지고 더 지혜롭고 현명해지는 사람들이 있다는 사실에 주목하면서 '외상 후 성장'이라는 개념을 만들었습니다. 그리고 그런 사람들이 겪는 변화를 정리하고 소개했습니다. 이들의 연구는 외상 후 더 잘 지낸다는 사람들을 직접 조사한 것에 기초했습니다.

일단 외상 후 성장을 하는 사람들에게 일어난 세 가지 변화가 있습니다. 이들은 큰 고통을 주는 역경을 감당하면서 다음과 같은 변화가 일어난다고 말했습니다.

첫째, 자기 자신이 다른 사람이 되었다는 느낌, 예전의 내가 아니라는 느낌.

둘째, 타인과의 관계가 예전과 달라졌다는 느낌.

셋째, 인생을 바라보는 관점, 철학이 달라졌다는 느낌.

이들은 외상 후 성장은 역경을 통해 자신, 타인, 인생을 바라보는 새로운 느낌과 관점을 얻는 것이라고 말하고 있습니다. 그리고 외상 후 성장을 했다는 사람들은 다음 다섯 가지 영역에서 확실한 변화를 발견했다고 합니다.

첫째, 자신 안에 있는 새로운 강점을 발견했다.
둘째, 타인과의 관계에서 무엇이 중요한지를 새로 발견했다.
셋째, 삶을 살아가면서 무엇에 감사해야 하는지를 새로 발견했다.
넷째, 자신의 인생 안에서 새로운 가능성을 발견했다.
다섯째, 자신의 영성이 더 깊어지는 발견을 했다.

최 선생님 또한 위의 변화와 발견을 경험했다고 하셨습니다. 최 선생님에게 힘든 일을 겪으면서 이런 내적 성장과 변화를 이룬 비결이 무엇인지를 물었습니다. 트라우마로 인해 주저앉는 사람들도 많은데 말입니다.

"아무래도 주변 선생님들의 응원과 지지가 큰 몫을 했어요. 선생님들이 저렇게 도와주는데 내가 정신을 차리고 잘 대처해야겠다 싶었죠. 나를 믿고 내 편을 들어준 선생님들에게 지금도 깊이 감사해요. 한 사람을 믿고 지지하는 효과는 정말 큰 것 같아요. 말로 하지 않아도 알겠지 그러는 것보다는 직접 표현해 주는 것이 더 중요하다는 것도 이번에 확실히 알았어요.

또 다른 건 내가 계속 정신을 차리자, 정신을 차리자, 현명해지고 지혜를 발휘하자, 하고 스스로에게 말했어요. 그러면서 지속적으로 정리하고 생각하고 연구를 했어요. 이 일이 줄 교훈을 계속 정리했어요. 그러니까 생각을 계속한 거지요. 책도 찾아보고, 비슷한 일과 연관된 논문도 찾아보고 그랬어요."

최 선생님은 외상 후 성장에 대해 교과서에 적혀 있는 그대로 이야기하고 계셨습니다. 외상 후 성장을 했던 사람들의 극복 요인에 대한 연구는 아직 불충분하지만, 강력한 요인으로 '성장 반추'(rumination for growth)와 '사회적 지지'를 들고 있거든요. 성장 반추는 자신에게 닥친 외상과 역경에서 의미나 가치 혹은 교훈을 끊임없이 찾아보려는 내적 노력, 인지적 노력이라 할 수 있습니다. 우리 주변에 그런 분들이 계시잖아요? 꼭 어떤 일을 겪고 나면 교훈, 비결, 시사점 등을 찾고 정리하고, 그중에서도 긍정적이고 낙관적인 결론을 찾아내시는 분들 말이에요. 그렇습니다. 최 선생님은 그런 태도를 가지고 계셨어요. 더불어 사회적 지지가 선생님을 버티게 해 주는 큰 힘이 되었을 것입니다. 나를 응원해 주는 사람들이 내가 포기하지 않게 해 주는 큰 요인이라는 것은 영화나 소설, 다른 사람들의 이야기 들을 통해서 충분히 알고 있지요.

외상 후 성장을 경험한 사람들의 또 다른 특징은 이전보다 더 좋

4부 스스로 그리고 함께 치유하는 교사들

아졌다는 것에 있습니다. 이전만큼 좋아진 것이 아니라 이전과 다른 더 좋은 장점이나 특성을 지니게 되는 것입니다. 외상 후 성장은 다른 말로 하면 새로운 사람이 된 것이라고 말할 수 있습니다.

상처를 이겨내기 위해 정말 필요한 것

성장 반추와 사회적 지지를 통해 외상 후 성장을 이룬 사람들의 이야기가 너무 추상적으로만 들릴 수 있습니다. 최 선생님의 이야기를 잘 들여다본 분들은 이미 아실 수도 있지만 최 선생님도 상처를 이겨 내기 위해서 하신 구체적인 일이 있습니다.

"일이 있으면서 나눈 대화, 전화 통화, 눈빛 이런 것이 머릿속에서 없어지지가 않는 거예요. 감정은 오르락내리락하고 가만히 있기가 힘들어서 처음에는 술을 마셨어요. 와인 서너 잔을. 그래도 답답하더라고요. 그래서 그다음부터는 글을 쓰기 시작했어요. 사람들이 왜 힘든 일을 치르고 난 다음에 책을 내는지 알게 되었어요. 글을 계속 쓰면서 어떤 것은 고쳐 쓰고, 또 고쳐 쓰고, 어떤 내용은 찾아봤어요. 이번 일을 치르면서 노트 세 권 정도를 쓴 것 같아요. 기회가 되고 더 정리가 되면 책으로 내서 다른 선생님들에게 도움이 되고 싶어요."

최 선생님이 말씀하듯이 고난을 겪은 많은 사람들은 그 이야기를 다른 사람들에게 전해 주었습니다. 많은 영웅들의 이야기도 결국 고생한 이야기, 고생을 통해 지혜를 얻게 된 이야기입니다. 중요한 것은 그것을 누가 '썼다'는 것이지요. 외상 후 성장을 이룬 많은 사람들은 자신의 외상 경험을 쓰거나, 말하거나, 그리거나, 영상에 담았습니다. 즉 창의적인 방식으로 표현하고 사람들과 공유하고 싶어 했습니다. 그런 작업이 상처를 이겨 내는 힘이 되기도 하고 상처를 치유하는 과정이 되기도 합니다.

토머스 버겐설은 외상 후 성장을 이루기 위한 세 가지 금과옥조를 이렇게 말합니다.

첫째, 자신이 겪는 외상과 고통의 현실을 부인하지 말고 마주할 것.

둘째, 일어난 불행을 왜곡하지 말고 수용하되, 굴복하지 말고 이겨나가기로 할 것.

셋째, 자신을 비난하거나 모멸하기보다 이 불행, 고통, 외상 등의 역경을 이겨 낸 후에 삶을 책임지는 자세로 어떻게 살아나갈 것인가를 계획할 것.

교사 집단 전체에 대한 상처를 치유하기 위해서는 주장도 필요하고 논쟁도 필요하고 조직도 필요합니다. 그리고 교사 집단 내부의 성찰도 필요하고 성장을 위한 노력과 혁신도 필요합니다. 우리 자신을 막연히 변명하고 보호하는 것에서 나아가 우리 자신의 성장이 필요합니다. 그렇게 하기 위해서는 우리 자신을 잘 보고, 굴복하지 않고 앞으로 나아갈 것이며, 향후 어떻게 혁신할 것인가에 답을 해야 합니다. 완전한 답은 없기에 일부의 불만과 비평은 감수하면서 앞으로 나아가야지요. 그러는 데에 교사 집단 내의 성장, 성찰의 반추와 서로를 향한 강력한 사회적 지지가 그 기초가 된다는 것을 여러 문헌에서의 연구 결과와 사회적 실험들을 통해 알 수 있습니다.

치유적이면서 성찰과 성장을 위한 사유를 함께하는 교사 집단과 조직된 수많은 따뜻한 교사 집단, 이 두 가지를 일구는 일상이 우리를 낙관하게 할 것입니다.

상처를 다루는 법

2019년 창비 교육연수원 강의 '완벽한 교사가 아닙니다'에서 저는 선생님들에게 자신의 상처를 다룰 수 있는 구체적인 방법을 제시했습니다.

1. 상처받기 쉬운 상태

1) 자기애적일수록 상처받기 쉽다.

2) 이전에 상처받은 적이 있을수록 상처받기 쉽다.

3) 지금 상태가 너무 안 좋거나 스트레스가 많으면 상처받기 쉽다.

4) 지지가 적으면 상처받기 쉽다.

5) 예상치 않았으면 상처받기 쉽다.

2. 상처를 최소화하기

1) 가장 중요한 것은 상처받은 것을 알아차리고 수용하는 것이다.

2) 마음의 뺨을 맞았는지 알아차린다.

3) 상처가 지속되는 상황에서 빠져나온다.

4) 상처를 최소화하기 위해서 해야 할 일의 리스트를 만들어 본다.

3. 상처를 최소화하는 실천 다섯 가지

실천 1: 상처에 대한 응급조치

호흡하기, 두드리기, 마사지하기, 물 마시기, 따뜻하게 하기 혹은 시원하게 하기, 고요한 마음을 불러오기, 장소를 바꾸기, 사실만 열거해 보기, 최악의 상황을 만들지 않기로 생각하기, 도움을 요청할 계획 짜기.

실천 2: 상처를 받고 해야 하는 마음가짐

첫째, 현명해지기. 지금 다룰 수 없는 것은 하지 않는다.

둘째, 안전해지기. 나를 상처받지 않는 곳에 둘 수 있다.

셋째, 흔들리지 않기. 자신을 땅에 안전하게 착지해 놓는다. 붕붕 떠다니지 않는다.

실천 3: 상처를 최소화하는 리스트

상처받은 날로부터 4주간 자신에게 한 가지씩 치유의 선물을 준다.

1) 최소 수준으로 목표 교정하기.

2) 믿을 만한 동료와 상의하기.

3) 일의 강도를 조정하기.

4) 효과적인 방법으로 바꾸기.

5) 신체적 이완이나 운동 시작하기.

6) 휴식, 잘 먹기, 일찍 자기 중 하나를 자신에게 선물하기.

7) 일상에서 벗어나는 일 하나 하기.

8) 상담 받으러 가 보기.

9) 자연에서 힐링 받기.

10) 수다, 유머, 웃는 시간을 만들어 보기.

11) 학교 밖에서 기분 좋은 친구들을 만나기.

12) 트라우마에 대처하는 방법 공부하기.

13) 그밖에 한 가지 자신이 원하던 것 해 보기.

실천 4: 터놓고 이야기하기

1) 신뢰할 만한 사람에게

2) 적절한 장소에서

3) 충분한 시간을 가지고

4) 자신을 털어놓으면 그 자체가 해결책을 찾게 만든다.

반면 아무에게도 말하지 않고, 혼자 계속 생각을 반추하면서 시원한 답을 찾지 못하면 신체의 질병부터 심리적 질병까지 병이 난다.

실천 5: 쓰기의 효과

1) 마음이 청소된다.

2) 문제가 해결된다.

3) 심리적 외상의 실마리가 된다.

4) 새로운 정보를 획득하고 기억을 돕는다.

5) 자유로운 쓰기를 통해 쓰는 습관을 만들 수 있다.

3. 외상 후 성장을 위한 마음가짐

기본 가정

1) 당신은 혼자가 아니다.

2) 외상은 정상적이고 자연스러운 과정이다.

3) 성장은 여행이다.

마음가짐

1) 모든 일을 완벽히 처리하는 사람은 없다.

2) 모든 상황에 준비된 사람은 없다.

3) 누구라도 그런 상황에서 놀라지 않을 사람은 없다.

과거를 후회하지 않는 마음가짐

1) 이미 일어난 일에 대한 아쉬움을 버린다.

2) 이미 일어난 일을 완벽하게 처리할 수 있을 거라는 기대를 버린다.

3) 일어난 상황에서 타인의 시선을 상상하지 않는다.

4) 모두 나같이 놀랐을 것으로 생각한다.

내일도 무사히

상처받지 않는 교사는 없고,
상처를 사랑으로 돌려주는 교사는 많다

학교라는 조직에 의존하지 않아도 사람이 성장하고 발달할 수 있는 다양한 사회 조직과 기제가 많았을 때는 학교가 이렇게 집중적인 관심의 대상이 아니었습니다. 현재 학교는 사회의 가장 기반 조직이 되었고, 학교의 기능은 축소되기보다 확장되고 있습니다. 코로나19 팬데믹은 학교가 어린이·청소년뿐 아니라 부모까지 포함된 사회의 플랫폼 역할을 하는 가장 기본 조직이라는 것을 여실히 알게 해 주었습니다. 우리는 학교가 다양한 기능과 다양한 직역의 조직이 되는 상황에 있습니다.

또한 교사는 학생, 동료 교사, 다른 직역의 동료들, 상급자, 관청, 부모, 지역 사회, 언론 등으로부터 사회를 대신해 아이들에게 가르침

> **“** 위대한 가르침이란 '연결됨을 위한 역량'을
>
> 발휘하는 것이 아니고 무엇이겠습니까?
>
> 위대한 교사란 학생, 주체 그리고 그들 자신 사이에
>
> 관계의 망을 만들어 내는 사람들입니다.
>
> 학생으로 하여금 스스로 의미 있는 삶을 엮어 낼 수 있도록
>
> 그래서 그들의 삶을 통해 찢어진 세계를
>
> 다시 하나로 엮어 낼 수 있도록 돕는 사람들입니다. **”**
>
> _파커 파머

을 줄 것을 요구받기 때문에 더 투사를 많이 받습니다. 이 과정에서 모든 욕망이 쏟아질 때 교사의 마음은 한없이 힘들고 복잡해집니다. 학교도 교사도 가르침과 배움이라는 틀 안에서만 존재하지 않게 되었습니다. 이 과정에서 교사의 상처가 늘어나기만 하는 것 같습니다.

상처받지 않는 교사는 없다

교사를 하는 동안 상처받지 않고 지내기란 불가능합니다. 현실은 진공 상태가 아니라 상처를 주고받고 살아가는 과정입니다. 그러면

서 일부는 혼자 치유하고 또 다른 일부는 함께 치유하고 또 치유가 안 된 것은 안 된 채로 품고 사는 과정입니다.

상처를 받지 않으려고 할수록 더 어려워질 뿐입니다. 상처를 피하려 할수록 있을 곳이 없어지고, 상처가 없도록 완벽해지려고 할수록 더 괴롭고 힘들어집니다. 상처를 받지만 품위를 잃지 않기 위해 노력하고, 상처를 받지만 사랑을 포기하지 않고, 상처를 받지만 희망을 향해 가려고 하는 과정이 교사의 특별한 삶이라고 할 수 있습니다.

갈수록 교사들이 힘들어지는 것은 복잡한 학교 상황 속에서 상처 주는 사람은 많아지고 요구하는 사람도 많아지는데, 기대는 커져서입니다. 교사들에게 이 많은 것을 떠넘기는 사회가 야속할 수 있습니다. 그러면서 교사들에 대한 지지, 지원과 사회적 존경과 적절한 권위 보장에는 인색해지고 있으니 안타까움이 더 커지기만 합니다.

교사는 미워하면 안 됩니까?

어떤 연수에서 한 교사가 "교사는 미워하면 안 됩니까?" 하고 물었습니다. 많은 교사가 "그런 마음이 드는군요."라고 공감하고, "그런 마음이 드는 것은 당연하고 자연스럽지만, 그 미움을 교실까지 가지고 가지 않기 위하여 우리가 할 수 있는 일은 무엇인지 이야기를 나누어 보자."라며 연수가 진행되었습니다.

교사가 미움을 가지는 것은 자연스러운 일이고, 교사도 인간이므로 당연한 일입니다. 하지만 그 미움을 학교 내에서 처리하는 방법은 달라야 한다는 것을 우리는 직업적으로 훈련받아 왔습니다.

적어도 교실에서 화를 낸다면, 교사는 의도를 가지고 화를 사용해야 하고 그 분노가 교육적임을 입증해야 합니다. 교사가 성직 같은 종교적 직책은 아니지만 교육적이어야 한다는 의무로부터 자유롭기는 쉽지 않습니다.

마땅히 분노하고 마땅히 미워할 수 있는 것들을 아이들과 나누기 위해서는 정제의 과정을 거쳐야 합니다. 그 과정이 잘 이루어지지 않으면 자신에게나 아이들에게 위선적인 느낌을 주기도 하고 불편한 감정이 생겨납니다.

교사들은 이 위선적인 상태의 감정들도 소화를 해내야 합니다. 다양한 층위의 감정들이 교사로서 소화되어야 하고, 교사를 마치고 집으로 돌아온 뒤 자연인이자 개인으로 또 소화되어야 합니다. 이 과정에서 소화가 어려우면 감정적 소화 불량, 감정적 설사, 그리고 감정을 느끼기 싫은 감정적 식욕 없음과 같은 상태에 빠지기도 합니다. 교사들은 그런 시간들을 어쩔 수 없이 가질 수밖에 없습니다.

상처를 사랑으로 만드는 숭고한 작업

교사들이 아이들에게 매일 패륜적인 욕을 들으며 지내거나, 상급자나 관청으로부터 시시콜콜하게 문서의 줄 간격이나 서체를 바꾸라는 지시를 받거나, 잃어버린 영수증을 찾느라 시간을 버리고 있거나, 자기 자식만 챙겨 줄 것을 이기적으로 요구하는 밤늦은 전화를 부모의 사랑으로 이해하자고 자신을 설득하거나, 정치적 기본권도 없이 정치적 의사를 표현하는 것에 수많은 제한을 받고 있는 등 불합리와 부당함, 억울함과 서러움으로 가득한 생활을 하고 있다는 것을 사람들은 잘 알지 못합니다.

또 아이들 앞에서 진리를 이야기하지만 자신은 그 진리의 길 위에서 벗어나 있음을 고백하지 못하는 비루함을 감당해야 하는 순간이 얼마나 괴로운지 사람들은 잘 모릅니다.

밤을 지새우며 교사들이 자신도 모르게 혹은 의식적으로 하는 힘든 작업이 있습니다. 그것은 교사들의 내면에서 일어나는 주된 작업으로, 낮에 받은 여러 상처를 분노와 앙갚음으로 배설하는 것이 아니라 내면의 복잡한 공정을 거쳐서 사랑으로 다시 되돌려 주도록 준비하는 작업입니다.

교사의 황금률 중 하나는 자신이 받은 상처를 아이들에게 되돌려 주어서는 안 된다는 것입니다. 이 어려운 도덕성을 지켜 내기 위하여 자신을 잘 살피고 정제하고 노력하며 살고 있습니다. 이 과정을 위하여 많은 교사가 방과 후에도 모임을 찾고, 연수를 받고, 함께 치유하는 과정을 만들어 가고 있습니다.

상처를 받지만 그것을 사랑으로 돌려주는 숭고한 공정을 하기 위해 교사는 매일 내적 작업을 하고 있습니다. 이 힘든 내적 과정을 많은 교사들이 묵묵히 해내고 있다는 사실을 사람들은 잘 모릅니다. 이 변형의 과정에 들어가는 에너지가 얼마나 큰지 사람들은 잘 모릅니다. 이 작업의 당위성을 강조하면서 겸손 없이 교사의 자격을 논하는 사람들이 얼마나 오만하고 피상적인 사람들인지 교사들은 알고 있습니다.

그러므로 사회 곳곳에 작금의 교직의 어려움과 번민, 고뇌를 이해하는 사람들이 많아지도록 하는 것 또한 필요합니다. 교사들만의 연대로 교사들의 상처를 모두 치유하기에는 한계가 있습니다. 좋은 연대와 사회적 지지가 치유의 강력한 요인임을 우리 모두 잘 알고 있으므로, 교사의 고된 작업들을 다양하게 알리는 일 또한 긴요하고 중차대한 작업입니다.

근본적 치유는 조직에서

오늘도 힘든 교사와의 상담을 마쳤습니다. 그분의 헌신과 사랑, 노력으로 그분이 치유될 수 있다면 좋을 것입니다. 그러나 애통하게도 학교라는 조직, 교육청이라는 관료 조직의 변화 없이 그분의 기대는 이루어지기 어렵고 그분은 상처를 받을 수밖에 없습니다.

가장 시급하게 치유가 필요한 곳은 어찌 보면 학교와 교육 관료 조직입니다. 학교와 교육 관료 조직의 치유가 교사 개개인의 치유보다 더 급하다는 분들도 많습니다. 많은 이들이 노력하고 필요에 따라서는 싸우고 개혁해 가고 있습니다. 매일의 일상에서의 변화 속도가 느려 답답하긴 하지만 언제가 또 이 변화에 가속도가 더해질 것을 기대합니다. 이 책에서 길게 언급하지는 않았지만 치유적 교사회 활동을 위해서 학교 내 민주주의는 간절합니다. 학교 내 민주주의가 교사 치유의 근본 환경일 수도 있습니다.

불가능을 가능으로 만드는 작업

이제 이 책의 마지막 부분에 다다랐습니다. 프로이트가 말한 불가능한 직업이나 들뢰즈가 말한 소진된 인간에 대한 이야기는 그 자체로 절망하기 위한 것이 아니라 우리에게 희망을 주기 위한 것입니다. 사람들은 모두 애초에 불가능한 것들에 도전해서 가능한 것들을 확장해 왔으니까요. 소진된 다음에야 우리는 또 새로운 일을 시작해 왔으니까요. 청춘을 다 불태워야 노년의 삶에서 새로운 안목이 생길 수 있듯이 말입니다.

사람들이 희망을 갖는 지점, 희망이 빛나는 지점은 출발점에 섰을 때이기도 하지만 사실 막바지에 다다라서 길이 보이지 않을 때입니다. 그때 사람들이 희망을 부여잡고 앞으로 나아가서 결국 길이 만들어졌습니다. 터널을 만드는 초기에는 끝이 보이지 않고 어둠만 가득합니다. 터널을 거의 다 파고 나야 순간 빛이 보이기 시작합니다.

교사들의 절망을 이해해 주는 사람도 필요하고 희망을 같이 만들어 가는 사람도 필요합니다. 상처받는 교사가 너무도 많은 지금, 교사들의 연대와 치유를 활발하게 해야 할 때라고 생각합니다. 교사가 아닌 부모, 전문가, 특히 학생들과의 연대도 필요합니다.

최선을 다하는 교사들의 치유와 연대 그리고 학교와 관료 조직의 변화가 우리를 새로운 만남과 교육, 새로운 학교, 새로운 사회로 초대할 것입니다. 지금은 지지부진해 보이지만 처음 떠났을 때로 돌아가서 다시 그 지난한 길을 보면 우리가 어디쯤 와 있는지를 잘 알 수 있고 또 어디로 가야 하는지도 잘 알게 될 것입니다. 상처를 보듬으며 함께 그 길을 열심히 가기도 하고 쉬었다가 가기도 하면 좋겠습니다.

동료 교사들의 치유를 위해 더 알아야 한다

이 책에는 우리가 그냥 교사의 상처로 부르는 것들이 도덕 손상,

공감 피로, 대리 외상 등의 심리 상태와 증후군이라는 것을 설명했습니다. 그리고 만성 피로 증후군, 적응 장애, 외상 후 스트레스 장애, 우울증, 외상 후 울분 장애 등 질병에 가까운 상태에 대해서도 설명했습니다. 교사회의 중요성과 외상 후 성장 개념도 소개하였습니다. 우리가 우리 상처에 대해 더 상세히 알아야 치유도 더 깊고 충분하게 받을 수 있습니다. 이런 개념들이 교사들에게도 익숙해지기를 바랍니다.

끝으로 성경 「시편」의 한 구절로 이 글을 마무리하고자 합니다. 「시편」 30편 11절은 "나의 슬픔이 변하여 내게 춤이 되게 하시며"라고 했습니다. 오늘날 교직의 아픔, 고통, 어려움, 부당함, 억울함, 상처라는 슬픔들을 교사들을 삶의 춤으로 초대하는 자리로 여기고, 우리 모두 지혜를 통해 멋진 춤으로 만들어 갔으면 합니다. 그래서 온 세상이 우리의 춤판이 되기를 희망합니다.

함께 읽음으로 시간을 나누어 주신 선생님들께 깊은 감사를 전합니다.

학생이 교사에게 보내는 청원서

우리에게 열정을 가르쳐 주세요.

우리에게 발견하는 경이로움을 알려 주세요.

당신들의 대답만 가져다주지는 마세요.

우리의 의문을 깨워 주세요.

특히 우리의 질문을 환영해 주세요.

우리에게 삶을 존중하라고 말해 주세요.

우리에게 교류하는 법, 나누는 법, 대화하는 법을 가르쳐 주세요.

우리에게 함께할 수 있는 모든 것을 알려 주세요.

당신들의 지식만 가져다주지는 마세요.

우리의 모순과 모색을 환영해 주세요.

우리에게 삶을 향상시키라고 말해 주세요.

우리에게 우리 자신의 가장 좋은 점이 무엇인지 가르쳐 주세요.

우리에게 설명할 수 없는 것을 바라보는 법, 탐색하는 법, 만지는 법을 가르쳐 주세요.

당신들의 방법만 가져다주지는 마세요.

우리 안에 있는 약속에 대한 의욕을 깨워 주세요.

우리의 창조성을 환영해 주세요.

우리에게 삶을 풍성하게 하라고 말해 주세요.

우리에게 세상과의 만남을 가르쳐 주세요.

우리에게 보이는 것 너머에 있는 것을 이해하는 법을 알려 주세요.

지식의 조각과 결합만을 가져다주지는 마세요.

우리 안에 있는 감각에 대한 탐구욕을 깨워 주세요.

우리의 방황과 서투름을 환영해 주세요.

우리에게 더 열정적인 삶으로 들어가라고 간청해 주세요.

매우 긴급합니다.

지금 바로 우리를 만나러 오지 않으시겠어요?

—프레네 클럽 교육 연수 자료집「첫 번째 시도하는 모색」중에서

나가는 시 2

'우리들 사이' 시리즈로 유명한 교육 심리학자
하임 G. 기너트의 『교사와 학생 사이』에는
다음과 같은 시가 실려 있습니다.
한 사립 학교의 교장이 교사들에게 보낸 편지입니다.

교사 여러분!

나는 강제 수용소의 감독입니다

그 누구의 눈에도 띄어서는 안 될 것들이

내 눈에 보였습니다.

교육받은 엔지니어가 세운 가스실,

교양 있는 의사에게 독살된 아이들,

훈련받은 간호원에게 살해당한 유아들,

고등학교와 대학교를 마친 사람들의 총에 맞고

불에 타 죽은 여인들과 아기들.

그래서 나는 교육을 의심합니다.

부탁합니다.

당신의 학생들이 인간이 되도록 도와주십시오.

당신의 노력으로 박식한 괴물이, 숙련된 정신병자가,

교양 있는 아이히만(Eichmann)이 태어나게 해서는 안 됩니다. 읽기와 쓰기, 수학은 우리 아이들을 좀더 인간답게 만드는 데 기여하는 한에서만 중요한 것입니다.

참고 자료

1부

단행본

사울 알린스키 『급진주의자를 위한 규칙』, 박순성·박지우 옮김, 아르케 2008.

사울 알린스키 『래디컬, 급진주의자여 일어나라』, 정인경 옮김, 생각의 힘 2016.

지그문트 프로이트 『끝낼 수 있는 분석과 끝낼 수 없는 분석』 이덕하 옮김, 비 2004.

헨리 나우웬 『춤추시는 하나님』, 윤종석 옮김, 두란노 2006.

언론 기사

「초중고 교사 40%가 우울증… 고3 담임은 60%」, 『연합뉴스』 2017.2.3.

"Five top reasons people become teachers – and why they quit" *The Guardian*, 2015.1.27.

"Why Teachers Quit", Elizabeth Mulvahill, *We Are Teachers*, 2019. 6.14.

2부

단행본

가타다 다마미 『철부지 사회』, 오근영 옮김, 이마 2015.

마크 스텝니키 『감정이입 피로 증후군』, 이달엽 옮김, 학지사 2010.

박상언 『감정 노동과 직무소진』, 두남 2016.

아사히신문사 『학급 붕괴』, 홍영의 옮김, 초록배매직스 1999.

앨리 러셀 혹실드 『감정 노동』, 이가람 옮김, 이매진 2011.

요아힘 바우어 『왜 우리는 행복에서 일을 찾고, 일을 하며 병들어갈까』, 전진만 옮김, 책세상 2015.

정문정 『무례한 사람에게 웃으면서 대처하는 법』, 가나출판사 2018.

크리스토퍼 거머 『오늘부터 나에게 친절하기로 했다』, 서광 스님 · 김정숙 · 한창호 옮김, 더퀘스트 2018.

타라 브랙 『자기 돌봄』, 이재석 옮김, 생각정원 2018.

토머스 M. 스콥홀트 『건강한 상담자만이 남을 도울 수 있다』, 유성경 등 공역, 학지사 2013.

헨리 나우웬 『안식의 여정』, 윤종석 옮김, 복있는사람 2001.

Philip Riley, *Attachment Theory and the Teacher-Student Relationship: A Practical Guide for Teachers, Teacher Educators and School Leaders*, Routledge, 2011.

논문 및 연구 보고서

국무총리 조정실, 국정현안점검조정회의 중 갑질 관련 자료, 2018.7.5.

한국교육개발원 「교사 직무 스트레스 실태 분석 및 해소 방안 연구」, 2017.

Shay, J. "Moral injury", *Psychoanalytic Psychology* 31(2), 182–191, 2014.

언론 기사

「과로 자살은 우리 사회 경고음… 나약함 · 일탈로 매도 말아야」, 『한겨레신문』
    2019.1.13.

「직장 내 괴롭힘 방지법 시행 첫날… 시민 단체 '직장갑질 타파 10계명 발표」, 『민중
    의소리』 2019.7.16.

"Educators increasingly struggle with 'moral injury'", Steven Blackvurn,
    District Administration, 2019 7~8월호.

3부

단행본

마이클 본드 『타인의 영향력』, 문희경 옮김, 어크로스 2015.

볼프강 슈미트바우어 『무력한 조력자』, 채기화 옮김, 궁리 2013.

사이토 다마키 『사회적 우울증』, 이서연 옮김, 한문화 2012.

파커 J. 파머 『가르칠 수 있는 용기』, 이종인 옮김, 한문화 2002.

파커 J. 파머 『비통한 자들을 위한 정치학』, 김찬호 옮김, 글항아리 2012.

APA 『DSM-5 간편 정신질환진단 통계편람』 권준수 옮김, 학지사 2018.

논문 및 연구 보고서

한국교육개발원, 「2017 교육통계분석자료집」.

이자영, 유금란 「공감 피로에 대한 고찰: 상담자를 위한 제언」, 『상담학연구』 제11권
    제1호 19 - 36, 2010.

고한석 · 한창수 · 채정호, 「외상 후 울분 장애의 이해」, 『대한불안의학회지』 Vol 10,
    No 1.

언론 기사

「교권 침해 보험 3년새 9천 명 가입… 30~40대 여교사 가장 많아」, 『에듀프레스』
　　2019.3.15.

「교권 침해 현황과 특성」 박근영, 『교육통계서비스』 2019.5.30.

「기댈 곳 없는 교사… 우울증 위험 수위」, 『교육희망』 2017.2.3.

「동료도 사회도 '네 탓'… 기댈 곳 없는 교사들」, 『국민일보』 2019.5.21.

「"마음이 아파요" 교사 심리 상담 – 청소년 우울증 심각」, 『뉴시스』 2019.10.15.

「은퇴 후 삶의 질을 낮추는 위험들」, 『한국교육신문』 2021.02.01.

「평균 수명 소방직 69세 vs 장·차관 82세… 연금도 극과 극」, 『서울경제』 2017.10.30.

"Caring without Tiring", Joanna Krop, *EdCan NETWORK*, 2013.4.3.

"How to Overcome Your Obsession with Helping Others", *Harvard Business
　　Review*, 2020.2.18.

"Vicarious Trauma", www.goodtherapy.org/blog/psychpedia/vicarious–
　　trauma.

"The ABCs of avoiding compassion fatigue", Brandon Hess, *dvm360*,
　　2016.11.14.

4부

단행본

더그 워체식 등 『쏘리 웍스』, 김호 등 옮김, 청년의사 2009.

디어도어 루빈 『절망이 아닌 선택』, 안정효 옮김, 나무생각 2013.

리차드 테데스키·로렌스 칼호운 『외상 후 성장』, 강영신 옮김, 학지사 2015.

세실 앤드류스 『유쾌한 혁명을 작당하는 공동체 가이드북』, 강정임 옮김, 한빛비즈 2013.

수잔 크레이그 『트라우마 공감학교』, 김현수 옮김, 에듀니티 2020.

스테판 조셉 『외상 후 성장의 과학』, 임선영, 김지영 옮김, 학지사 2018.

이주현 『멘붕 탈출법 십대를 위한 9가지 트라우마 회복 스킬』, 학지사 2015.

파커 J. 파머 『가르침과 배움의 영성』, 이종태 옮김, 한국기독학생회출판부 2002.

크리스틴 네프 『러브 유어셀프』, 서광 스님·이경욱 옮김, 이너북스 2019.

크리스틴 네프·크리스토퍼 거머 『나를 사랑하기로 했습니다』, 서광·효림·이규미·안희영 옮김, 이너북스 2020.

하임 G. 기너트 『교사와 학생 사이』, 신홍민 옮김, 양철북 2003.

Kay Pranis, *Healing Circles for Teachers as a Restorative Self-Care Practice*, MindfulSchools, 2019.

논문 및 연구 보고서

프레네 클럽 교육 연수 자료집 『첫 번째 시도하는 모색』, 2008.

선생님, 오늘도 무사히!

교사의 소진과 트라우마 치유 심리학

초판 1쇄 발행 | 2021년 7월 16일
초판 5쇄 발행 | 2023년 4월 13일

지은이 | 김현수
펴낸이 | 강일우
책임편집 | 김보은
조판 | 신혜원
펴낸곳 | (주)창비
등록 | 1986년 8월 5일 제85호
주소 | 10881 경기도 파주시 회동길 184
전화 | 031-955-3333
팩시밀리 | 영업 031-955-3399 편집 031-955-3400
홈페이지 | www.changbi.com
전자우편 | ya@changbi.com

ⓒ 김현수 2021
ISBN 978-89-364-5947-5 03370